アロハ 90歳の僕

ゆっくり、のんびり生きましょう

(上)「パップ・コーンズ」(下)「高木智之とハロナ・リズム・コーラス」

（上）「ニュー・フレッシュメン」

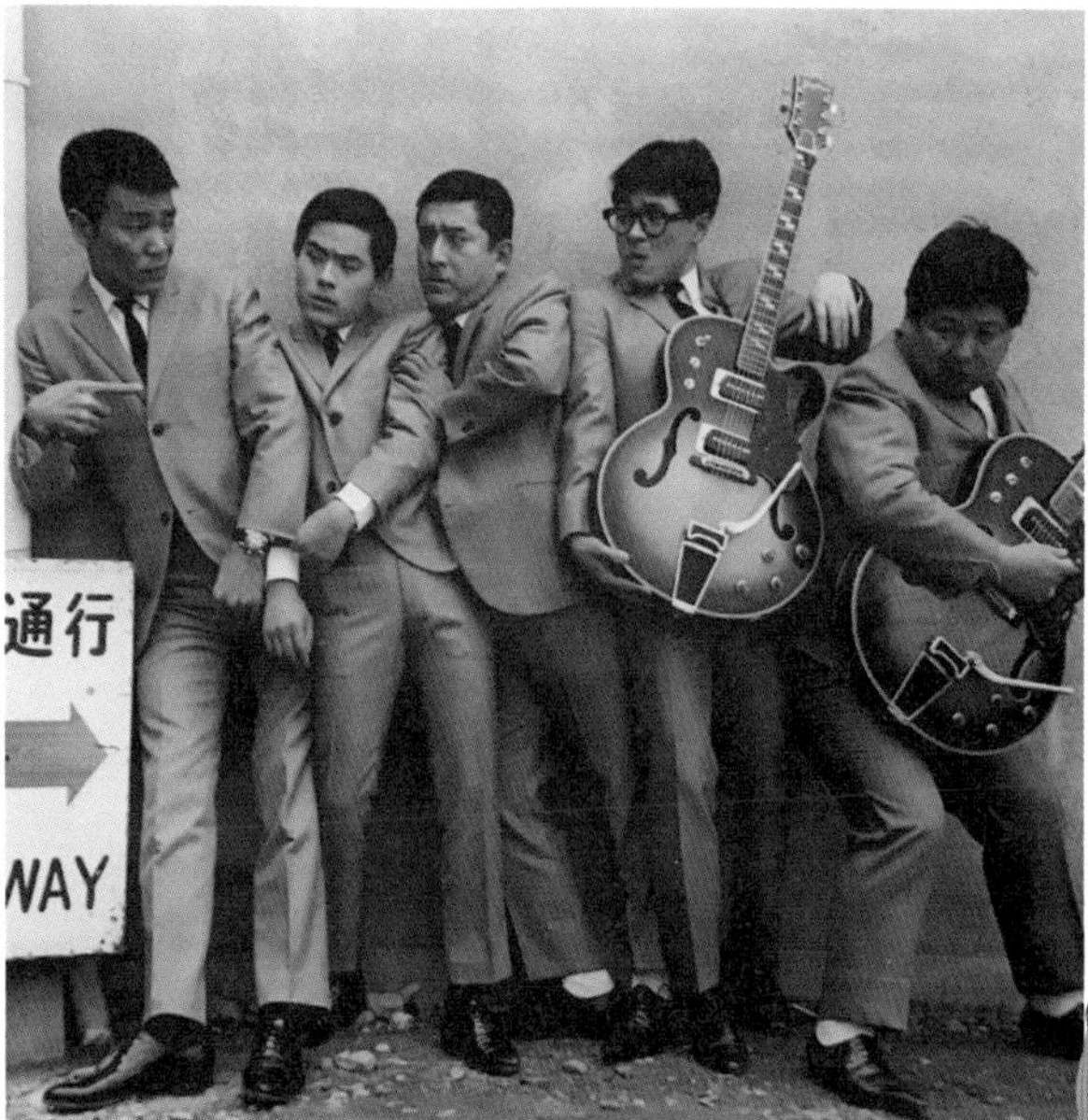

学生時代からいろんなバンドを組んで活動してたんだけど、
31歳のときに、長さんにスカウトされてドリフに入ったんだよね。

ドリフは、仕事も遊びも全力投球だったなぁ。

1974年にテレビの企画で「リオのカーニバル」に参加したとき

役者として
舞台に立ったこともあるんだよね。

製作著作:株式会社イザワオフィス

ブー子になった僕を見て、
孫がビックリしてました。

目次

まえがき……2
1章　「ザ・ドリフターズ」の素晴らしいメンバーたち……5
2章　ドリフに加入、そして『全員集合』の思い出……39
3章　子ども時代、ウクレレとの出合い、そしてプロに……81
4章　ウクレレという相棒がいてよかった……113
5章　僕のアロハな毎日は家族のおかげ……155
ブーさんと私
加藤茶さん……194
赤井英和さん……198
安達正観さん……202
海老名香葉子さん……206
大槻ケンヂさん……210
荻野目洋子さん……214
関口和之さん……218
高城れにさん……222
高木家座談会……226
あとがき……230

まえがき

この本には、僕の90年のすべてが詰まっている。そして、僕にとってあまりにも大きな存在である「ザ・ドリフターズ」のことも、大切な仲間のことも、今まで秘密にしていたことを含めて、いっぱい詰まっている。

また、加藤茶をはじめ、僕のことをよく知る人たちが、それぞれが見た「高木ブー」を語ってくれた。どんなことを言ってくれているのかな。ドキドキするな。

僕は今、毎日が楽しくて仕方がない。とっても幸せだ。やさしい家族に囲まれ、おかげさまで僕を必要としてくれる仕事があり、ウクレレという生涯の相棒とも楽しくセッションできる。これで不満を言ったらバチが当たるよね。

ドリフの「高木ブー」は、自他ともに認める「第5の男」だった。自虐っぽい意味で言ってるわけじゃない。僕はその立場と役割に誇りを持っている。

どんな組織やグループでも、前に出るトップや二番手がいるいっぽうで、土台をしっかり支える「普通の人」がいる。運動会だって4位や5位がいるから、1位や2位が輝く。「普通の人」がいないと、トップや二番手はその実力を発揮できない。

僕は、押しも押されもせぬ「普通の人」だ。ウクレレはちょっと得意だけど、ほかにこれといった取り柄はない。子どもの頃から勉強も運動も苦手だったし、面白いことを言ってクラスの人気を集めるタイプでもなかった。

そんな僕が、なぜ「ザ・ドリフターズ」という怪物グループの一員として長くやってこられたのか。なぜこの歳になっても張り合いがある楽しい毎日を過ごせているのか。うーん、自分でもよくわからない。流されるままに生きてきて、気がついたら90歳になっていて、今も流れに身を任せているだけなのに。

もしかしたら、こうやってノンキに長く生きていることが、僕の取り柄なのかもしれない。もちろん悲しいこともあったし、苦しい時期もあったけど、仲間や仕事や家族に助けられて、どうにか乗り越えることができた。

「高木ブー」を知ることで、もっと力を抜いて生きてもいいのかもしれないと感じてもらえたら、僕としても流されて生きてきた甲斐があるというものだ。いや、力を込めて言うことでもないか。まずは、ゆっくり、のんびりお楽しみください。

1章

「ザ・ドリフターズ」の素晴らしいメンバーたち

いかりや長介、加藤茶、仲本工事、荒井注、志村けん、そして高木ブー。「ザ・ドリフターズ」の一員であること、素晴らしいメンバーとずっとがんばってこられたことは、僕の誇りです。

自信を持って言えるのは、「ドリフのいちばんのファンは高木ブーだ」ということ。これまでもずっとそうだし、これからも変わらない。

長さん、荒井さん、志村、そして仲本まで、別の場所にいっちゃった。こっちにいるのは加藤と僕の二人だけになった。でも、後ろには4人がついてくれてると思ってる。今も、いっしょに活動してるんだよね。

僕がドリフに入ったのは、1964（昭和39）年の9月だった。長さんは3代目のリーダー。加藤はもともとメンバーで、荒井さんは僕と同時に入った。仲本は翌年の初めから。志村は、もともとボーヤ（付き人）だったんだけど、荒井さんが抜けたときにメンバーになった。

本の始まりは、長い付き合いのドリフのメンバーについて書いてみます。

「いかりや長介」との出会い

やっぱりトップバッターは、リーダーから。

長さんと初めて話したのは、もうすぐ東京オリンピックが始まる１９６４（昭和39）年の8月の終わりだった。僕が「シャドーズ」ってバンドで横浜のジャズ喫茶に出演してたときに、「ザ・ドリフターズ」のオーナーだった桜井輝夫さんが運転するクルマに乗って、二人で店に現れた。

僕の出番が終わるのを待って、「東京まで送るよ」とクルマに乗せられた。あとから詳しいことを知ったんだけど、当時のドリフターズはメンバーが一気に抜けちゃってたいへんだったらしい。クルマの中で「ウチに来ないか」と誘われた。「送るよ」と声をかけられた時点で、何の話か察しはついてたけどね。

ドリフとはそれまでもジャズ喫茶で、チェンジバンド（同じ日に出るバンド）でいっしょになったことは何度かあった。ドリフはその頃からコミックバンドの路線でやってて、舞台の袖から見て「面白いことやってるな」とは思ってた。だけど方向性がぜんぜん違うから、いっしょにやりたいとかそういう気持ちがあったわけじゃない。

長さんはそこで、ウッドベースを弾いてた。今のエレキベースとは違ってでかいんだけど、長さんは身体が大きいからなかなかサマになってたな。カントリーには付きもののテンガロンハットも似合ってた。

でも、こう言っちゃ悪いんだけど、バンドをやるタイプの顔じゃないとは思ってたな。のちに代名詞にもなったゴリラ系で、お世辞にもイイ男とは言えない。ウッドベースって後ろのほうにいるから、顔は関係ないけどね。おっと、こんなこと言ってると、空の上から「ブーたんに言われたくないよ！」って怒られるかな。

ステージを見てただけだから、人柄はよくわからない。いっしょにやるようになって、強烈なリーダーシップがあるというか、要するに怖い人だってわかったけど。

最初にクルマの中で話したときは、やさしい印象だった。まあ、引き抜こうとしているわけだからね。「娘のミルク代がかかって……」とカマをかけたら、ギャラを上乗せしてくれたし。しゃべり方自体は、あのぶっきら棒な感じがちょっとあった。

誘われたのは「デブだから」

ずいぶんたってから、なんで僕だったのか聞いたら、「デブだからだよ」って言われた。メンバーの中にデブがひとりいると、それだけでおかしみが出るってことらしい。僕はギターの腕を買われたと思ってたんだけど、それはあんまり関係なかった。

真相を聞いても腹は立たなかったし、むしろ「さすが長さんだ」って感心した。その頃から、ドリフを笑いができるグループにしたいっていう方向性がはっきりしていて、やがてやってくるテレビの時代を予想してたわけだから。

でも、ドリフが『8時だョ！　全員集合』で人気が出て演奏はめったにやらなくなってからも、長さんはいろんなところで「ドリフのメンバーで音楽的にいちばんしっかりしているのは高木ブーだ。基本ができてる」って話してくれてたらしい。比較の対象がどうなのかってことはあるけど、評価してくれてたのは嬉しかったな。

新しいメンバーでやっていくぞってなったときに、新宿の中華料理屋さんで決起集会みたいなのをやったんだよね。そのときに長さんが「何があってもこのメンバーで行く。俺から『辞めろ』とは絶対に言わない」って宣言した。その頃のバンドはメンバーが入ったり出たりするのが当たり前だったから、「この人すごいなあ」って感心したのを覚えてる。

『全員集合』の頃は、放送が終わったあとに二人でたまに飲みに行ってた。ほかのメンバーとは年齢が離れてるからね。お互いの家族のこととか音楽のこととか、そんな話題が多かったかな。愚痴めいたことをこぼしてたこともあった。そういうことは僕にしか言えないもんね。みんなの前ではリーダーとして強気に振る舞ってたけど、そういうときは違う感じだった。

旅立った長さんに「バカヤロウ」と

長さんが旅立ったのは、２００４（平成16）年3月だった。もうすぐ20年になるのか。あっという間だね。

事務所から「長さんが亡くなりました」という知らせが入ったときは四国にいて、高嶋ちさ子さんや軽部真一アナといっしょに『めざましクラシックス』っていうコンサートに出てた。病気だって話は聞いてたけど、まさかそんな状態だとは思ってなかった。まだ72歳で若かったしね。

カーテンコールは失礼して、急いで東京に戻ってきた。頭が真っ白になったっていうか心が空っぽになったっていうか、飛行機に乗りながら何を考えてたのかはよく覚えてない。

僕にとって長さんは、グループのリーダーとか仕事仲間とかそういうのを超えた特別な存在だった。一時期は家も近くて、娘同士も同い年だったから、よく行き来してたんだよね。いかりや家と高木家で温泉旅行に行ったこともあった。

訃報を聞いて自宅に駆けつけたら、長さんが静かに眠ってた。顔を見た瞬間に、それまでのことがいろいろよみがえってきて、思わず「バカヤロウ」って言っちゃったんだよね。「バカヤロウ、なんで死んじゃったんだよ」って。なんでって言われても、長さんも困っただろうな。

青山葬儀所で行なわれた葬儀のときは、メンバーや元付き人といっしょにお棺を霊柩車まで運んだけど、ずっしり重かった。大勢で持っているから実際にはたいした重さじゃなかったかもしれない。だけど、僕には重かった。

やっぱり「ザ・ドリフターズ」のコントは最高に面白いと思う。長さんはずっと、自分も含めてドリフのメンバーは「笑いの素人」だって意識があった。だから、いっさい妥協を許さずに、常に全身全霊をかけてコントを練り上げてきたんだよね。

メンバーの僕が言うのもヘンだけど、「ザ・ドリフターズ」というグループは、いかりや長介というコントの鬼が丹精込めて作り上げた最高傑作だったんじゃないかな。荒井さんのときも志村のときもね。

あとで娘さんから聞いたんだけど、長さんは元気だった頃に『ブーたんの『テネシー・ワルツ』を聴きたいな」って言ってたらしい。そんなの、早く言ってくれればいいのに。今度舞台で天国に向かって歌うから、ちゃんと聴いてくださいね。感想を聞かせてくれるのは、まだずっとあとでいいから。

「仲本工事」との突然の別れ

まさか、あんな形で仲本との別れが来るとは思わなかった。突然過ぎたよね。2022（令和4）年10月19日、81歳で長さんたちがいるほうに行っちゃった。まだまだいっしょにやりたいことや話したいことがいっぱいあったのに、本当に残念です。

前日の18日の午後、事務所の社長から「仲本が事故に遭った」と電話があった。最初は何を言っているか、理解できなかった。自分は物事を楽観的に考える癖があるから、「きっとたいしたことはない、大丈夫」と勝手に思ってたんだよね。でも、その後の連絡でどういう状況かがだんだんわかってきて、現実に突き落とされた。

すぐに家族で病院に駆けつけて、5分という短い時間だったけど、仲本に会うことができた。あのときの仲本の手のあたたかさは、今も僕の手のひらに残ってる。

最後に会ったのは、群馬県の高崎市で『志村けんの大爆笑展』が始まった10月14日だった。2021年夏から全国いろんなところで行なわれていた『大爆笑展』で、仲本はどの会場でもオープニングの一日店長をやってた。高崎では僕もスペシャルゲストで行くことになって、楽屋で久しぶりにゆっくり話をしたんだよね。孫の話をしているときのあいつは、本当に嬉しそうだった。

いつかは孫といっしょに暮らしたいって言ってて、僕も「それがいいよ。孫と暮らすのは楽しいよ」って言ったんだよね。いいおじいちゃんになっただろうな。僕がいつも持ち歩いている孫のコタロウの子どもの頃の写真も、興味深そうに見てた。「こんなふうに大きくなっていくのかな」なんて、孫の未来を想像してたのかもしれない。

僕の娘のかおるが、仲本に「そろそろ運転免許証を返納したほうがいいんじゃないですか」って話をしてたのも、よく覚えている。仲本は「かおるちゃん、大丈夫だよ。疲れたら車を停めて休むから」と言ってたな。返納とは直接関係ないけど、車の事故であんなことになるなんて、あのときは思いもよらなかったな。

いちばん逢いたいのは「お母さん」

そのとき何かの拍子に、お互いに「誰かに逢えるとしたら、今誰に逢いたいか」って話になった。僕はひとりに絞れなくて「うーん、誰かなあ」って迷ってたんだけど、仲本は「お母さん」と即答だった。

ドリフは家族ぐるみの付き合いだったから、仲本のお母さんのこともよく知ってる。とってもやさしい人で、仲本のことを深く愛してた。いつだったか仲本が、「お母さんは僕に人生を捧げてくれた人だからさ」って言ってたこともあった。

お父さんは厳格な人で、ドリフに入るときにずいぶん反対したらしい。せっかく大学まで出して就職も決まってたのにミュージシャンになるなんて、反対するのは当然

だよね。だけど、お母さんが「興喜（本名）がやりたいんだったら」と味方になってくれた。仲本はずっと感謝してたんだろうね。

お母さんは渋谷で長い間「名なし」っていう居酒屋をやってた。とってもいいお店で、僕もスタッフや娘と何度も飲みに行ったことがある。昔、日劇とかでドリフが正月公演をやるときには、まだコンビニがなかったから、メンバーの家族が総出でおにぎりや味噌汁を差し入れしてた。そういうときは、うちのカミさんと仲本のお母さんが、中身がかぶらないように連絡を取り合ってたみたい。

仲本のことを思い出すと、笑顔しか浮かんでこない。穏やかでやさしくて、いつも周囲に気を配ってるヤツだった。あいつに体操っていう特技があったおかげで、ドリフのコントに動きが生まれて、笑いの幅が大きく広がったのは間違いない。

トレードマークでもある眼鏡だって、当時は別に目は悪くなかったのに、役作りでつけてた。ドリフの中で自分が「真面目役」を務めるのが、バランスとしてベストだと思ってたのかな。

ミュージシャンとしても一流だった

多くの人にとって仲本と言えば、『8時だョ！ 全員集合』のコントで長さんをからかってたり、アイドルに体操を教えて「ハイ、ポーズ」ってやってたりっていうイメージが強いかもしれない。『ドリフ大爆笑』での「雷様」や「バカ兄弟」の仲本も、すごく面白かった。

もっと知ってもらいたいなと思うのが、仲本はミュージシャンとしてもすごいヤツだったってこと。仲本とは、あいつがまだ学習院大学の学生だったときに、僕も所属してたジェリー藤尾さんのバンド「パップ・コーンズ」で出会った。セカンドシンガーのオーディションがあって、たしか20人ぐらい受けたのかな。そこで合格して入ってきたんだから、歌の実力は抜きん出てたってことだよね。

実際、たいしたもんだった。ジャズ喫茶のステージで演奏するときに、ジェリーさんが出られないときは仲本が歌うわけだけど、お客さんもお店も文句言ったりしなかった。ジェリーさん目当てのファンは不満だっただろうけど、仲本の歌には仲本の歌のよさがあった。とくにロックンロールは、「こりゃかなわない」と思ったな。ハワイアンだったら、僕もちょっとは自信があるんだけどね。

1966（昭和41）年に、ドリフがビートルズ日本公演で前座をやったときには、仲本が『Long Tall Sally』（のっぽのサリー）を英語で歌った。日本武道館全体が異様な興奮状態にあるやりづらい状況で、立派に歌い切ったのはたいしたもんだよ。

2020（令和2）年の夏の『24時間テレビ』（日本テレビ系）では、仲本と加藤と僕の3人で、54年ぶりに『Long Tall Sally』をやった。あれは楽しかったな。仲本の歌も僕たちの演奏も、昔よりそのときのほうがよかったと思ってる。

加藤の代役を見事に務めた

『全員集合』で忘れられないのが、番組が始まって1年もしない頃に、仲本が加藤の代役をきっちり務めたこと。

とある事情で加藤が1か月ぐらい番組を休むことになった。当時のドリフのコントは加藤が中心で成り立ってたから、誰かが代わりをしなきゃいけない。長さんは「荒井は違うし、ブーたんは……ないな」と思って、仲本に加藤の代役をやらせた。そしたら、仲本はその役をしっかりこなしたんだよね。

仲本はいつもは一歩下がったところで、僕と同じようにドリフの中で脇役をやってたけど、長さんにもテレビを見てた人たちにも「やればできる」ってところを見せつけた。それもすごいけど、加藤が復帰したら元の脇役にすっと戻ったところもすごい。仲本が「自分だって前に出られる」と言い始めたら、ドリフがバラバラになっただろうね。自分のことより、全体を考えた行動が自然にできるヤツだった。

「加藤茶」は天才的なコメディアン

加藤は、ひと言でいうと天才的なコメディアン。瞬間的な反応や表情で笑いを生み出す力は、本当にすごいと思う。福島訛りのおまわりさんの「どうもシンヅレイしました」とか、ハゲヅラにちょび髭の「ちょっとだけよ」とか、「ウンコチンチン」とか、あの面白さはあいつにしか出せない。

高校生のときに福島から東京に出てきて、そのまま中退してミュージシャンを目指した。いくつかのバンドを経て、長さんと同じ時期に「桜井輝夫とザ・ドリフターズ」のメンバーになった。そのときはまだ10代だったのかな。

数年後にドリフのメンバーが4人同時に抜けちゃったときも、加藤が残ってくれたから、長さんは「まだやれる」と思ったらしい。どうして残ったのかという話になると、加藤は「長さんに怖い顔で『お前はどうすんだ』って聞かれて、つい『残ります』と言っちゃった」なんて冗談めかして言ってる。実際はどうなのかな。しめし合わせて同時に抜けたメンバーのやり方に対して、思うことがあったのかもしれない。あくまで僕の想像だけどね。

だから僕は自分がドリフに入る前から、長さんといっしょに演奏してる加藤のことも、ステージの袖から見てた。だけど正直、あんまり印象に残ってない。端っこにちょこんといる感じで、どんどん前に出てくるメンバーがほかにいたから、目立ってはいなかった。「ドリフターズにいる若いお兄ちゃん」って感じかな。初めて話したのは、どこかの稽古場で新生ドリフの顔合わせがあったときだった。

加藤がいてくれてよかったよ

その顔合わせがあった１９６４年の秋の段階では、僕と同じ時期に入った荒井さんはいたけど、まだ仲本はいなかった。小山威さんって人がギター担当だったんだけど、小山さんが体調不良で抜けることになって、僕が仲本を誘ったんだよね。

いよいよ新しいメンバーでやっていくってときに、長さんが言った。「ドリフは加藤を前面に出していく」って。コミックバンドでやっていくのは決まってたけど、荒井さんも仲本も僕も、お笑いのことなんてわからない。その点、加藤はずっとドリフでやってたから笑いのコツをつかんでる。かわいい顔をしてるし、ひと言で言うとスター性があった。もちろん、みんな納得した。加藤がいてくれてよかったよ。

ちょび髭をつけて「加トちゃん、ペッ」ってやるギャグは、新生ドリフがスタートしたばかりの頃からやってた。福島訛りがあることも、上手に生かしてる。その後の加藤の活躍と人気は説明不要だけど、やっぱり長さんは見る目があったってことかな。80歳になった今でも、笑いの反射神経はまったく衰えてないもんね。

軽くてノリがいい音を叩く

ドラムの演奏でいうと、力強いっていうより、軽くてノリがいいジャズ的な叩き方をする。あいつらしいっていうか、心地いいリズムで叩くよね。ドラムの音に合わせてメンバーがコケたりとか、そういうギャグと連動する叩き方は、事務所の大先輩でもあった「クレージーキャッツ」のハナ肇さんを見習って身に着けたらしい。

ドリフの笑いは加藤と志村が引っ張ってきたわけだけど、志村はどっちかっていうと努力型だった。『全員集合』が終了したあと、二人でやってた「加トケン」のコンビもよかったね。剣の名人みたいに、志村が突っ込んで加藤が受ける。加藤がギャグをぶつけると志村がそれをもっと大きくしてはね返す。見ててホレボレした。

だんだん別々にやるようになって、あのコンビの才能を生かさないのはもったいないなあって、ずっと思ってた。まわりの事情や本人たちの考えもあったにせよ、志村はもっと加藤の力を利用してもよかったんじゃないかな。僕が口を出すことじゃないから、本人たちには言ってないけど。ここだけの話、かなり残念だったな。

「こぶ茶バンド」も楽しかった

仲本と加藤と僕の3人は「こぶ茶バンド」を結成して、テレビで番組をやったり全国をツアーで回ったりしてた。工事の「こ」と僕の「ぶ」、そして加藤の「茶」を合わせて「こぶ茶」。3人の雰囲気にピッタリないい名前だよね。

結成は1999（平成11）年で、その年に『こぶ茶ルンバ』というCDも出した。2021（令和3）年の秋に、「ももいろクローバーZ」とも日本武道館でコンサートをやったときに、久しぶりに3人でその歌をやったな。

「こぶ茶バンド」のステージは、だいたい前半にコントで後半は歌だった。名古屋の

御園座で、ゲストもたくさん出てもらってお芝居をやったこともある。ドリフでは日本全国を何周も回って、いろんな場所でたくさんの人にコントを見てもらっていたけど、「こぶ茶バンド」を始めてまたそのときがよみがえったみたいだった。
　コントの部分は加藤が中心になって内容をまとめて、音楽的なアイデアは仲本と僕が出し合った。３人だったから、長さんがいたときみたいに長い時間じゃなかったけど、『全員集合』の毎週の会議を思い出してワクワクしたたな。

こぶ茶バンドも10年ぐらいやったあと、しばらく活動を休んでた。でも、3年ぐらい前にまた復活したんだよね。同じ時代に活躍した歌手の人たちといっしょに、各地で公演してた。

こぶ茶はステージで演奏しながらギャグをやったりするんだけど、みんないい歳じゃない。今の年齢だからこその微妙な「間」が面白かったし、やってて楽しかった。もっと続けたら、また別の「円熟味」が出てきたんじゃないかな。

「荒井注」という異能の人

荒井注さんは、僕と同時期にドリフに入った。「トリスのおじさんみたいな面白い顔のピアニストがいる」と聞いて、長さんと当時のドリフのオーナーの桜井輝夫さんが会いに行ってスカウトしたんだよね。3人でソファーに座って話したんだけど、「じゃあ、よろしく」と話がまとまって立ち上がったら、長さんがイメージしていたより背が低かった。

長さんは「ありゃ」と思ったらしいけど、結果的にはよかったよね。5人並ぶと長さんだけ大きくて、ほかの4人は同じぐらいだからバランスがいい。ピアノの腕前に関しては、長さんは著書の中で「ビックリした。もうちょっとできると思ってた」と書いてた。

最初に会ったのは、どこかの稽古場だった。「よろしく」とか何とか言って穏やかに挨拶した気がする。あのキャラクターは作られたものだから、もちろんいつもふてくされてるわけじゃない。

流行語になった「なんだバカヤロー」は、ピアノの演奏を失敗して加藤に冷やかされたときに、こう言い返したのがルーツ。今でいう逆ギレ芸だよね。あの顔と声とセリフの組み合わせが絶妙だった。どう言い表していいかわからないけど、独特の才能を持った人だった。

1928（昭和3）年生まれで僕より5つ上なんだけど、最初の頃はだいぶサバを読んでた。長さんが1931（昭和6）年生まれだったんだけど、リーダーより年上はまずいだろうと考えたらしい。僕よりひとつ年下の1934（昭和9）年生まれということになってた。

メンバーで海外に行ったとき、荒井さんが空港で何かの書類を書いているのを加藤がチラッと見たら、生年月日が書いてあって「長さんより年上だったんだ」ということがわかった。加藤は目がいいんだよね。

日本武道館のときは弾くふりだけだった

荒井さんといえば思い出すのは、ドリフがビートルズの前座として日本武道館のステージに立ったときのこと。日本武道館にはピアノも電子オルガンもないから、キーボード担当の荒井さんはすることがない。しょうがないからギターを持ってたんだけど、じつは荒井さんのギターはアンプにつながっていなくて、単なる飾りだった。

映像を見ると、いつも以上にふてくされた顔をしてるみたいに見える。弾くふりをさせられて、それこそ「なんだバカヤロー」って気持ちだよね。

荒井さんがドリフを抜けたいと言い出したのは、『全員集合』が人気番組になった数年後。グループとしても勢いが出てきたところで、誰がどう考えても「今辞めたらもったいない」というタイミングだった。長さんもずいぶん説得したみたいだけど、本人の意志は固かった。

抜けると決めてから志村と交代するまで、半年ぐらいのあいだ「お礼奉公」で出てくれてたんだけど、あのときの荒井さんは面白かった。ここぞという場面で放つギャグがピタッとはまってた。長さんも弔辞で「鬼気迫る面白さだった」って言ってたな。でも、気が変わることはなかった。

正式に脱退したのは1974（昭和49）年3月。長い間いっしょにがんばってきた印象があったけど、たった10年だったんだな。

理由は「体力の限界」ということだった。もちろんそれもあっただろうけど、いくら人気者になっても、仕事に追い立てられて好きなこともできない毎日は嫌だと思ったのかもしれない。自分の人生哲学を貫いたんだから、立派だと思う。

２０００（平成12）年2月、ドリフのメンバーの中ではいちばん最初に旅立った。最後に会ったのは前年の秋だった。もう冬だったかな。フジカラー「お正月を写そう」のＣＭで、田中麗奈ちゃんとドリフの６人が七福神に扮した。

肝臓がかなり悪かったみたいで、けっこうつらそうに見えたな。大好きだったお酒も、お医者さんに止められてた。「医者の言うことをよく聞いて早く治すから、また飲もう」って言ってたのに、それは実現しなかった。

伊豆で行なわれた葬儀には、メンバーが全員集合した。ああ見えて本当は寂しがり屋だったから、喜んでくれたんじゃないかな。長さんも僕もほかのメンバーも、「ドリフのひとつの時代が終わった」と感じていたと思う。

「志村けん」は死んでない

志村と最後にゆっくり話したのは、8年ぐらい前にあいつのおふくろさんが亡くなったときかな。家族みんなで斎場に行ったら、志村はとっても喜んでくれた。そのときに「高木さんはがんばってるよね。俺も高木さんみたいに80過ぎてもやれるかな。やれるといいな」という話をしたのを覚えてる。

「入院した」っていう知らせを聞いて、「そうか、早く退院できるといいな」と思ってたんだけど、10日もしないうちに悲しい知らせを聞くことになった。じつは2月に志村の誕生日パーティーがあって、サプライズゲストで招かれてたんだよね。ハワイからの帰国が遅れて行けなかったんだけど、今となっては悔やまれるな。

当時は「コロナ」がどんなものだか、お医者さんだってよくわかってなかった。そんな時期に志村が感染しちゃったのは、残念としか言いようがない。本人も自分に何が起こってるか、よくわからなかったんじゃないかな。

コロナ禍でお葬式も家族だけだったし、お別れの会もできていなかった。ひと区切りついたのは、三回忌の少し前の2022年3月に、加藤と仲本と僕の3人でお墓参りができたときかな。お墓に手を合わせて「俺は元気でやってるよ」と報告した。

追悼番組のときに、僕は「志村は死んでない」と言ったし、今でもそう思ってる。でも、心の中に生きている志村がいることと、お墓の前に立って

「ここに志村が眠ってるんだな」と感じたことは、けっして矛盾しない。もちろん、仲本に対しても同じ気持ちだし、長さんや荒井さんだって僕の心の中では生きてる。

加藤が「若い志村がいいよ」と推薦した

志村は高校を卒業する直前（1968年2月）に、ドリフのボーヤになった。まだ『全員集合』が始まる前で、志村が長さんちの前で雪の日にずっと待ってて「弟子にしてください」って頼み込んだ。

ボーヤのいちばん大事な仕事は、移動するときの楽器運び。見慣れない顔がいて「新しいのが入ったんだな」とは思ったけど、最初のうちは名前は知らなかった。長さんから紹介とかもなかったんじゃないかな。元気がいいのが来たなとは思ってた。

4年後ぐらいに、ドリフのボーヤの先輩だった井山淳と「マックボンボン」ってコンビを結成した。一時期はテレビ番組のレギュラーもあったんだけど、結局はうまくいかなくてまたドリフのボーヤに戻ってきたんだよね。その前にも一度、脱走したことがある。荒井さんが抜けることになって「メンバー見習い」になったのは、戻って1年後ぐらいかな。

ドリフが営業に行くときにはフルバンドが付くんだけど、長さんはそのリーダーの豊岡豊さんを加入させようと考えてた。冗談音楽が得意でノリがよくて、いっしょにやってきたから気心も知れてる。ただ、長さんと同年代だった。加藤が「若い志村がいいよ」って推薦して、長さんも「そうだな」と思って志村にしたんだよね。

メンバーになった頃は「志村には並外れた笑いの才能がある」という印象は、まだなかったな。もともと僕は他人を評価するって柄じゃないんだけど、それまではボーヤのひとりだったわけだから、才能があるとかないとかはわからない。でも「いいんじゃないかな」とは思ってた。長さんの判断を信じたってのもあるかもしれない。

『東村山音頭』で雰囲気がガラッと変わった

志村は正式メンバーになった最初の頃は、なかなかウケなくて苦労してた。会場のお客さんや視聴者にしてみたら、いきなりわけのわからない若いのが「ドリフの新しいメンバーです」って入ってきたんだから、無理もない。2年ぐらいは手探りの状態が続いてた。何をやっても空回りして、本人も苦しかったと思う。加藤には「なんでウケないんでしょう」なんて相談してたらしい。

トンネルの中にいるみたいな状況から、ほかの人には想像できないプレッシャーに負けずに、『東村山音頭』で一気に人気者になった志村は、やっぱりすごい。あれで雰囲気がガラッと変わった。笑いって不思議なもので、いったん「こいつは面白い」と評価されると、前半のコントのコーナーでも何をやってもウケるようになる。

それからの志村の快進撃は、みなさんご存じのとおり。加藤との「ヒゲダンス」も、童謡『七つの子』の替え歌の「カラスの勝手でしょ〜」も、子どもたちのあいだで大流行した。ジャンケンをやるときの「最初はグー」の掛け声は、志村がやり始めたんだよね。会場全体が「志村ー、うしろー」って大合唱してたのも懐かしいな。

今あらためて思うと、志村はドリフにとっても『全員集合』にとっても、言ってみれば救世主だった。あいつが『東村山音頭』で大爆発したおかげで、その頃ちょっと元気をなくしていたドリフというグループも『8時だョ！　全員集合』という番組も、さらに勢いよく再スタートを切ることができた。

もちろん、荒井さんは誰にもない才能を持った人だったし、荒井さんの頃もどこにも負けない面白いグループだった。『全員集合』が人気番組になったのは、荒井さんがいてくれたおかげでもある。でも、志村が入ったことで、唯一無二の「ドリフターズの笑い」が完成したんじゃないかと僕は思ってる。戻ってきてくれてよかったよ。

志村がドリフを救い、ドリフが志村を開花させた

ほかの4人と志村との違いは、4人はもともとミュージシャンだけど、志村は最初からコメディアンを目指してたところだよね。志村は楽器は苦手だったけど、音楽的なセンスは高かったし音楽を聴くのも好きだった。とくにソウル・ミュージックにはまってたな。『東村山音頭』の一丁目のシャウトや「ヒゲダンス」は完全にそれがベースにある。

年齢も長さんや僕からは20歳近く離れてる。加藤や仲本とも10歳ぐらい違う。音楽だけじゃなくて動きや笑いに関しても、新しい感覚をたくさん持ち込んでくれた。

それに、それまでは加藤がひとりでオチを受け持っていたけど、志村がいることで役割を分け合えるようになった。負担が減ったっていうとヘンだけど、オチを交代したり二人でいっしょにオチをやったりできるようになって、ドリフの笑いに厚みが出たっていうのはあるんじゃないかな。

それと同時に、志村の才能が開花したのは、ドリフに入ってからなのは間違いない。実際、一時期はコンビでお笑いをやっていて、うまくいかなかったわけだしね。ドリフのコントっていうしっかりした土台や枠組みがあって、その中で4人とのからみがあったから、志村の面白さが生きたし新しい面白さもどんどん引き出されていった。

相乗効果っていうか、めぐり合わせって言ったほうがいいかな。志村に限らず、誰がいなくてもドリフじゃないし、ドリフがなければ僕たちもない。おこがましいけど、僕は僕なりに存在意義があったんじゃないかと思ってます。

撮影／小暮徹

2章

ドリフに加入、そして『全員集合』の思い出

僕がドリフに加入したのは、細かく言うと１９６４（昭和39）年９月16日。前の東京オリンピックの開会式が10月10日だった。入った直後だったからか、前の東京オリンピックの記憶はほとんどない。たぶんバタバタだったんだと思う。

長さんの考えで、音楽だけやるんじゃなくて、お客さんを笑わせることができるバンドになろうとしていた。長さんも手探りだし、まして僕らは何をどうしていいかよくわからない。グループとしての形がどうにかまとまるまでに、１年ぐらいはかかったかな。

長さんはドリフの3代目のリーダー

「ザ・ドリフターズ」は、長さんが作ったグループと思っている人も多いかもしれないけど、そうじゃない。最初のほうでは書いたけど、長さんは3代目のリーダーで、僕が入る前からけっこう歴史があるグループだった。

１９５６（昭和31）年に結成された「サンズ・オブ・ドリフターズ」っていうロカ

ビリーバンドがルーツで、そこから何度か名前が変わった。まだ無名だった坂本九さんがいたこともある。ちなみに「ドリフターズ」っていうのは、流れ者とか漂流者っていう意味らしい。

結成してから6年後の1962（昭和37）年、コミカルな路線に力を入れたかった当時のリーダーの桜井輝夫さんが、そういうのが得意だった長さんを別のバンドから引き抜いた。加藤が来たのは、長さんが入ったちょっとあと。やがて桜井さんはオーナー的な立場になって、長さんがリーダーを引き継いで「碇矢長一とザ・ドリフターズ」になった。

あとで知ったんだけど、僕が長さんに「ドリフに来ないか」と声をかけられたのは、ドリフが大ピンチを迎えているときだった。

長さんの厳しいやり方にメンバーが反発して、主要な4人がまとめて脱退することになった。長さんは「やる気がないならやめちまえ！」が口癖だったんだけど、あるとき、示し合わせていた4人に「わかりました。やめさせていただきます」って言われちゃったらしい。加藤は残ったけど、テレビの次の収録もあるし、急いでメンバーを集めなきゃいけない。そんな状況だった。

妻に背中を押されてドリフ入りを決断

横浜のジャズ喫茶に長さんとドリフのオーナーだった桜井さんが現れて「東京まで送るよ」と言った時点で、「あ、引き抜きかな」とは思ってた。当時のバンドの世界は移籍や引き抜きは当たり前だったからね。

僕は前の年に娘のかおるが生まれて一児の父になってたし、移るんだったらいい条件で移りたい。でも、ギャラの話とかは昔から得意じゃなかった。関係ない話が続いたあと、長さんに「娘のミルク代がかかって困る」ってこぼしてみた。遠回しにギャラアップを要求したつもりだったんだけど、最初は察してくれなかったんだよね。

同じように子どもが生まれたばかりの長さんと、そのあともしばらくミルク談義が続いた。もうすぐ家に着くってときにやっとピンときたみたいで、「わかった、ミルク代としてゲーセン（5000円）アップでどうだい？」って言ってくれた。

無事に条件アップの話は取り付けたけど、それでもまだ「どうしようかな」と迷っていた。妻の喜代子さんに相談したら、「新しいことに挑戦してみたら」って背中を押してくれたんだよね。いつも優柔不断な僕と違って、彼女はとてもしっかりしていて決断力もあった。自分だけだったら尻込みして、一生に一度のチャンスを逃していたかもしれない。

ハナ肇さんがメンバー全員の名付け親

「高木ブー」という芸名の名付け親は、クレージーキャッツのリーダーであるハナ肇さん。当時の所属事務所・渡辺プロダクションの偉大な大先輩でもある。

僕は本名は「高木友之助」っていうんだけど、学校を卒業してプロのミュージシャンになるときに、自分で「高木智之」っていう芸名を付けた。漢字3文字で「〜之助」って、時代劇みたいでちょっと古臭い気がして好きじゃなかったんだよね。「智」は、どうしてその字にしたんだっけな。賢そうに見えると思ったのかもしれない。

ある日、渡辺プロダクションの社長の渡辺晋さんの家で集まりがあって、ハナ肇さんが、長さんに「お前たち、芸名はあるのか？」って聞いたんだよね。長さんが「ありません」って答えたら、じゃあ、俺が今から付けてやるって流れになった。

僕は内心「もう智之っていう芸名があるのにな……」と思ったけど、事務所の大先輩であり雲の上の存在だったハナ肇さんが、わざわざ「付けてやる」って言ってくれてるのに、口なんてはさめるわけがない。

長さんは本名は「碇矢長一」なんだけど、もっと伸びそうで響きがいいからということで「いかりや長介」に。「芸能界では水に関係ある名前だと売れる」という話があるらしくて、本名が「加藤英文」の加トちゃんは、愛称を生かしつつ水に関係ある名前ってことで「加藤茶」になった。

仲本はいつもケガをしていたのと、工事のときは水を使うからってことで、本名の「仲本興喜」から「仲本工事」に。荒井さんは要注意人物っぽいし、さんずい偏がつくからってことで、本名の「荒井安雄」から「荒井注」に。そんなふうに順に決まっていって、最後の僕の番になった。

「ブー」はあんまりだと思ったけど

ハナさんが僕の体をじっと見てる。嫌な予感を抱きながら待ち構えていたら、おもむろにこう言った。

「お前は『ブーたん』って呼ばれてるのか。じゃあ、それでいいや」

よくわからないから、「あのー、それでいいっていうのは？」って恐る恐る聞いたら、キッパリと「ブーでいいんだよ」って。

聞いたときは正直、いくら太っているからって「ブー」はあんまりだと思った。もちろん、嫌ですなんて言えないんだけど。でも、高木ブーとして仕事していくうちに、いい名前だなって気がしてきた。ほかのメンバーの名前も、それぞれひとひねりあって、一度聞いたら忘れないしね。ドリフが人気者になれたのは、ハナさんの秀逸なネーミングセンスのおかげもあったかもしれない。

テレビで顔が知られ始めると、街で子どもたちが「ブーだ、ブーだ！」とか「おい、ブー」とか言ってくる。みんなが自分の名前を覚えてくれて、気軽に声をかけてくるなんて、こんな嬉しいことはない。90歳になった今だって、ありがたいことに、みんなが「ブーさん」って呼んでくれる。

海外で「BOO TAKAGI」と紹介されるのも、今となっては大きなメリットかな。わかりやすいし響きがいいもんね。ハナさんはそこまでは考えてなかっただろうけど。「ブー」だったから親しみを持ってもらえたし、そしてたぶん「ブー」だったから、肩に力を入れたり無理に背伸びしたりしないで、ノホホンと自然体でやってこられた。「ブー」という響きに、しかめっ面や強烈な自己主張は似合わないもんね。これも「名は体を表す」ってことかな。ハナさんには深く感謝してます。

テレビの演芸番組で10週勝ち抜いた

新生ドリフは、試行錯誤しながらも、徐々に「お笑いのバンド」としてのスタイルが出来上がってきた。「ドリフという面白いバンドがいる」ということを広く知ってもらったのは、昭和40年代初め頃に大ブームだったテレビの演芸番組だった。

その頃は「ボーイズ物」っていって、楽器を持ってグループでしゃべるスタイルが人気だった。ドリフがやっていることは、それとはちょっと違う。番組のスタッフにも視聴者にも、新鮮に映ったんじゃないかな。

スタートしたばかりの頃だったかな、歌やお笑いで10週勝ち抜きを目指す番組があった。それにドリフが出て、いつもジャズ喫茶で披露しているギャグやコントをやったら大ウケして、あれよあれよという間に10週勝ち抜いちゃった。ジャズ喫茶の場数は踏んでたからネタには困らなかったけど、テレビ番組でも結果を出せたのはメンバーにとって大きな自信になった。

牧伸二さんの司会で大人気だった『大正テレビ寄席』にも、何度か出ている。当時のお笑いタレントや芸人はこれに出るのが憧れだったんだから、僕が言うのも何だけど、ドリフターズの笑いは業界内でもお茶の間でも、ちゃんと評価されてたと言えるんじゃないかな。まあ、僕は長さんに言われたとおりに、あっちに走ったりこっちで転んだりしてただけだけどね。

ザ・ビートルズ日本公演の思い出

ドリフの『全員集合』前夜を語る上で欠かせないのが、日本武道館で開催されたザ・ビートルズの日本公演だ。そこでドリフは前座を務めた。公演は6月30日から7月2日まで。3日間で5回の公演があった。スケジュールの都合でドリフが出たのは最初の2日だけで、最終日は出ていない。

ビートルズの大ファンだった志村が日本公演を観に来てて、舞台のドリフを客席から観てたっていう話が「運命的なエピソード」として広まってるけど、残念ながらそれは間違い。志村が見たのは3日目だから、ドリフは出ていなかった。

ドリフのほかには、尾藤イサオ、内田裕也、ジャッキー吉川とブルー・コメッツ、ブルー・ジーンズといった顔ぶれが、前座として出演していた。当時の人気歌手の人たちばっかりだけど、そこにどうしてドリフが出てたのかな。コミックバンドもひとつぐらい入れておくかってことだったのかもしれない。

当時のドリフは、ジャズ喫茶では引っ張りだこだったし、テレビもいくつかレギュラー番組を持っていたけど、世間的にはまだまだ知られてなかった。日本中が注目しているビートルズの公演で演奏できるっていうのは、ドリフにとって大きなチャンスではあったんだよね。

ビートルズの音楽はもちろん聞いたことがあったし、すごい人気だってことも知っていた。とはいえ、憧れとか特別な緊張感っていうのはなかったかな。あとになってビートルズの曲をドリフのレパートリーに加えたときに、「このコード進行はすごい！やっぱりたいしたもんだ」って感心した覚えはある。それまでのロックとかって言ってしまえば単純なコードなんだけど、ビートルズの曲はケタ違いに斬新だった。

制約が多くてイマイチなステージだった

あのステージは、何もかもがバタバタだった。最初は20分出てくれって話だったのに、当日が近づいてくるにつれて、10分、5分って短くなって、最後はとうとう「1

分でやってくれ」って言われたらしい。当日のリハーサルでは『愛しちゃったのよ』を5人がコーラスで歌うネタもやったんだけど、長いからってカットになって、結局『Long Tall Sally』の一部を短めにやった。

このあいだ、久しぶりに当時の映像を見た。長さんの「ドリフターズ、いくぞ！」っていう掛け声を合図に、仲本が歌い始める。僕や荒井さんがギターを持ったままステージを動き回る。最後はみんなでコケて、加藤がマイクに向かって「バカみたい」って言ったあと、長さんが「逃げろー！」って叫んでみんなあわてていなくなる。

懐かしかったけど、正直、イマイチなステージだと思ったな。時間を短くしろって言われてたからか、演奏のテンポが速すぎる。僕たちはメインステージで歌ってるけど、ドラムは脇のステージにあって、加藤はほとんど画面から外れてた。

曲の節目でドラムの音に合わせて身体をカクンってさせても、ドラムの動きが同時に見えないと面白味が出ない。最後の「バカみたい」も、脇のドラムから真ん中のマイクに移動してこなきゃいけないから、微妙に間が空いちゃってる。

ただ、今になって見直すとあれこれ目につくけど、あの頃は、会場のセッティングにせよテレビの中継にせよ、何もかもが手探りだった。だからこそその勢いみたいなのも、間違いなくあった。

舞台の裏側でも、ビートルズの4人とは楽屋から何から完璧に遮断されていて、話をするどころか姿も見せてもらえなかった。トイレに行くにも、大勢の護衛が取り囲んでいたらしい。でも、今だから言えるけど、じつは僕はビートルズのステージを観てるんだよね。自分たちの出番が終わったあとで、メインステージの下の誰もいないところから、こっそり演奏を覗いてた。特等席だったよ。

『全員集合』以前も〝下積み〟だったわけじゃない

『全員集合』が始まったのは、1969（昭和44）年の10月。仲本が加わって、新生ドリフが誕生したのが1965年の1月。その間に5年近くあるわけだけど、けっして〝下積み〟だったわけじゃない。ジャズ喫茶では引っ張りだこだったし、テレビのレギュラー番組も何本ずつかはあった。

僕が入る前の話だけど、ドリフが最初にレギュラーで出た番組は『味の素ホイホイ・ミュージック・スクール』だった。それがあったから、長さんたちが抜けちゃったメンバーの代わりをあわてて探したんだよね。

だから僕は、ドリフに入った瞬間から、テレビのレギュラー番組があったことになる。ドリフの役目は、新人のオーディションコーナーのバックバンド。加藤がちょび髭をつけて「加トちゃん、ペッ」ってやったのは、この番組が最初だった。限られた時間で何とかドリフならではの笑いを取れないものかと、長さんと番組のスタッフが頭をひねったらしい。

1965（昭和40）年の秋には『歌え！　一億』って歌謡番組が始まった。人気絶頂の伊東ゆかりさんとドリフが司会という大きい仕事だったんだけど、あんまり視聴率がよくなかったみたい。何か月か放送して、局の偉い人やスポンサーの人たちと出演者で、内容を練り直す会議をやることになった。

ドリフとしては肩身が狭い状況だよね。まずは放送を見てみようということで、みんなそろって暗い試写室に入った。そしたら、そこで僕が大いびきをかいて寝ちゃったらしい。局の人もスポンサーも激怒して、番組は打ち切りになった。長さんの自伝『だめだこりゃ』にも書いてあるから、たぶんそういうことだったんだろうと思う。でも正直に言うと、よく覚えてないんだよね。

そんな失敗もあったけど、その後も『あなた出番です！』（１９６６〜１９６９年）とか『ドリフターズドン！』（１９６７年）とか、いろんな番組に出た。『いい湯だな』や『ミヨちゃん』のレコードが出たのも、ドリフ主演の映画がいくつも公開されたのも、『全員集合』が始まる前だった。

長さんは打診を受けてずいぶん悩んだ

着々と実績を積み重ねて、知名度もそれなりに上がってきた流れがあって、ＴＢＳから『全員集合』をやってみないかって声がかかった。

打診を受けた長さんは、「もし失敗したら、せっかくここまできたドリフはおしまいになる……」って、ずいぶん悩んだみたい。裏番組は人気絶頂のコント55号や巨人戦のナイターだったしね。

長さんは、最後は「公開生放送でやる」っていうところに魅力を感じて「やってやろうじゃないか」と決断した。このへんの話はあとから知ったことだけどね。長さんは迷ったからって、メンバーに相談するタイプじゃない。ひとりで背負って、先頭に立ってみんなを引っ張っていく。そして結果的に番組を大成功させたんだから、つくづくすごい人だよ。

「全員集合」という言葉は、『8時だョ！　全員集合』が始まる前から、ステージでよく長さんが使っていた。演奏中に誰かがトチッたフリをしたりすると、長さんが「全員集合！」と言ってみんなをステージの真ん中に集めて注意する。言ってみれば、ギャグを盛り上げる決めゼリフのひとつだった。

『8時だョ！』の前に公開されたドリフの主演映画のタイトルでも、『なにはなくとも全員集合!!』（1967年8月公開）とか『やればやれるぜ全員集合!!』（1968年1月公開）とか、ドリフのキャッチフレーズ的な感じで、すでに「全員集合」という言葉を使ってたんだよね。

ドリフのコントの肝は「力関係」と「繰り返し」

そして1969（昭和44）年10月、のちに怪物番組と呼ばれる『8時だョ！ 全員集合』がスタートした。1971（昭和46）年の4月から9月まで半年のブランクをはさんで、終了したのは1985（昭和60）年9月だった。

たいへんな16年間だったけど、毎週、あんなに大がかりなセットを組んでコントをやるなんて、テレビが元気な時代だったからできた番組なのは間違いない。それに出させてもらったのはとても幸せなことだと思ってる。

ドリフのコントの肝は「力関係」と「繰り返し」にあった。長さんっていう絶対的なリーダーがいて、ほかの4人のメンバーは押さえつけられてて頭が上がらない。テレビの前の視聴者は、その力関係がわかってる。

教室コントにしても探検隊コントにしても母ちゃんコントにしても、押さえつけられている4人が知恵を絞って、何らかのアクションを「繰り返し」て、最後は怖くて強い長さんがやり返される。それがドリフの黄金パターンになっていた。そして、翌週も黄金パターンが繰り返される。

加藤の「ちょっとだけよ」や志村の『東村山音頭』なんかも同じ。長さんが「やめろやめろ」と止めても、それを聞かずにやっちゃう。止める役がいなくて、加藤や志村が好き勝手に暴走してるだけだったら、あんまり面白くない。

当時は「マンネリ」っていう批判もあったけど、ちょっと違うんだよね。5人のあいだに明確な「力関係」があり、見る側も「繰り返し」を期待して、そのとおりの展開を喜んでくれる。毎週の生放送を長く続けてきたドリフだから生み出せた、図々しく言っちゃうとドリフにしかできない笑いだったんじゃないかな。

セットを作る大道具さんたちも、プロ意識のかたまりだった。毎週、金曜日の立ち稽古のときは、立ち位置の線だけ引いてある。頭の中でセットをイメージしながら稽古して、土曜日の朝10時に会場に行くとセットが出来上がってた。徹夜で作ってたんだろうね。

当日にあらためてリハーサルして、その段階で「ここで屋根から落っこちるようにしてほしい」って、長さんやメンバーから注文を出すこともあった。最初は大道具さんに「そんなことできねえよ」って怒られたけど、「面白くするために必要なんです」って頼み込んでいるうちに、気持ちがひとつになってきた。

ある意味、プロ同士の真剣勝負だよね。

「ウケないこと」が僕の存在意義

「5人いる」というのも、ドリフの大きな特徴であり武器だった。落語や漫談はひとりでやるし、漫才は二人が多い。3人や4人のグループでコントをやることもあるけど、5人のグループはほとんど見たことがない。

探検隊のコントで、隊長に言われてロープにつかまりながら川を越える場面でも、僕があぶなっかしいながらもうまくいって、次の仲本はあっさり成功する。そのあとで加藤や志村がヘンなことをしたり失敗したりするから、大きな笑いになる。キャラクターが違う5人でやることで、立体的な話になるんだよね。

僕や仲本がいなくて最初から加藤や志村が出てきて失敗しても、きっとあんまり面白くない。逆に、僕や仲本がヘンにウケるようなことをしたら、そのあとで加藤や志村がウケても、コント全体の面白さとしてはイマイチになっちゃう。

やっているうちにだんだんわかってきたことなんだけど、ウケないことに僕の存在意義があったのかもしれない。

意外と難しいのが、たとえば自分が先に川を渡り終えたあとにどうしているか。ボーッと突っ立ってちゃいけないし、目立ってもいけない。ほかのメンバーの動きを邪魔しない場所にいて、志村が川に落っこちたら、それに合わせて驚いたようなリアクションを取る。全体を見渡して、バランスを考えた芝居をする必要があった。

そのへんは、長さんやディレクターに指示されたわけじゃない。どのメンバーも「今、自分はどうすればいいか」をわかってた。ネットのコメントとかで「子どもの頃は、高木ブーって何のためにいるのかと思ってたけど、大人になってから理由がわかった」なんて書いてる人がちょくちょくいるらしい。子どもから見たらそうだよね。まあ僕自身も、当時は無意識にやっててあとで気がついたんだけど。

木曜日の「ネタ会議」は今でも夢に見る

今でもたまに夢に見るのは、毎週木曜日にあった「ネタ会議」のこと。翌週の土曜日の本番をどんな内容にするかの会議があって、それが毎回ピリピリした雰囲気だった。そういうの苦手なんだよね。

集合するのは、いつも午後3時だった。「午後3時」は、関係者のあいだで「ドリフターズタイム」と呼ばれてる。僕らは今でもその時間からスタートするリズムが体にしみ込んでいて、リハーサルや打ち合わせは3時スタートが多い。

集合のときにはタイトルはもう決まってた。学校コントなら学校コント、母ちゃんなら母ちゃんで、作家さんがホン（台本）を作ってくれてる。それを元に、ギャグをどこにどう当てはめるかを考えていく。あれこれ言っているうちにぜんぜん違う内容になっていくことも多かった。

そういう会議を延々とやる。いちおう12時がタイムリミットだった。大道具さんや小道具さんや設計する人たちが、集まって内容が決まるのを待ち構えてる。

1時間弱の番組で、最初の20分ぐらいがコント、真ん中に聖歌隊やゲストの歌があって、後半はゲストと組んだコントが4本ある。毎週毎週、よくやれたなと思う。

最終的には長さんが「それで行こう」と決めるんだけど、12時に会議が終わることはめったになかった。タイムリミットを超えるまで悩んで、最後のほうでバタバタって決まる。適当なところで妥協しないで、いつもギリギリまで粘ったからこそ、面白いものが作れたんだろうな。

会議のあいだは、みんな最初から最後まで緊張した顔してて、長さんが「ダメだな」なんて言うと、そこから2時間も3時間も沈黙が続く。沈黙の口火を切るのは長さんなんだけど、いくら考えてもアイデアが浮かばないときは、会議室の窓際の平らなところでいつも寝てた。

僕も長さんのことは言えない。沈黙が続いているあいだは、よく寝てた。そうすると加藤が突っ込むんだよね。「ブーたん、また寝てるよ」って。最近もテレビ番組で加藤に時々「ブーたん、起きてる?」と突っ込まれるけど、あれはドリフのお約束なんだよね。加藤に突っ込まれるたびに、あの頃のことを思い出す。

木曜日が会議で、金曜日は翌日分のリハーサル。土曜日が本番、日曜日は営業で地方に行ったりする。月曜日や火曜日に営業が入ることもあったし、ほかの番組の収録があったり映画の撮影があったりで、休みはまったくなかった。

『全員集合』で起きた「三大事件」

『全員集合』は生放送だったから、毎回、なにがしかのトラブルがあった。押し入れのふすまを勢いよく開けたら、開かなくてもいい別のとこまで開いちゃったりとかね。メンバーや関係者のあいだで、今でも「三大事件」と呼ばれている出来事がある。もしかしたら、「あー、見てた見てた！」っていう人もいるかもしれない。

1つ目は1977（昭和52）年に起きた本番中の「火事」。その日は探検隊のコントだったんだけど、ピストルの火花が引火して小道具の蛇が燃え出しちゃった。まだ塗料が乾いてなかったらしい。僕たちはセットに背を向けてて気づかなかったんだけど、客席が不自然にザワザワし始めて、お客さんがヘンな方向を見てる。振り向いたら、ジャングルのセットから火の手が上がってた。

即座にコントを中断。長さんが盆回し式のセットを回して、いしだあゆみさんの歌に突入した。僕は何をしていいかわからなくて事態を見守っていただけだけど、とっさの判断でコントを中断してセットを回して歌にした長さんはすごかった。内心はあわててたのかもしれないけど、テキパキと指示を出してた。

2つ目は「3人のドリフターズ」。これは生放送というのとは関係ないんだけど、1981（昭和56）年2月に、事情があって仲本と志村が番組を休むことになった。放送はしなきゃいけないから、1か月ぐらい3人のドリフでやってたんだよね。

コントの中で、長さんがいつもどおり点呼を取る場面があった。「番号！」って言うと、加藤が「1！」って元気よく答えて、僕が2と3を飛ばして「4！」って答える。それがオチになった。

変則的な状況を逆手にとって、笑いに結びつけてしまう。そこは長年のチームワークなんだろうな。二人がいないときは僕の出番も増えて、なぜか視聴率も毎回40％を超えてた。視聴者に「珍しいもの見たさ」みたいな気持ちがあったのかな。

３つ目は、１９８４（昭和59）年6月にあった「停電」。本番が始まる直前、その日の会場の電気がいきなり消えちゃった。会場は真っ暗だけど、中継のテレビカメラとかは会場の外の電源車から電気を取ってたから、真っ暗な画面が全国に放送されたんだよね。スポットライトでステージを照らして、長さんが「８時９分半だョ！」と呼びかけてた。

放送の前半で電気は点いたんだけど、暗闇の中で加藤が「今日は終わりだ！」と叫んで、会場を盛り上げながら電気が点くまでの間をつないでた。僕は例によって、とくに何もせず「そのうち何とかなるだろう」と思ってただけだけど。

「体操コーナー」が生まれたきっかけ

前半のコントはもちろん、どのコーナーも充実してたのが『全員集合』のすごいところだったと思う。

少年少女合唱隊がなかったら、志村の『東村山音頭』も「ドリフの早口言葉」も生まれなかった。加藤の「ちょっとだけよ」も、後半のコントでいきなり出てくるのがよかったよね。合間には人気歌手がヒット曲を歌ってくれる。盛りだくさんだったし、全部のコーナーのバランスが秀逸だった。

後半のコントの名物といえば、仲本の「体操コーナー」だよね。以前に仲本がインタビューで話してて思い出したんだけど、いちばん最初に仲本とマットの上で体操をしたのは、宇多田ヒカルちゃんのお母さんの藤圭子さんだった。番組が始まって3〜4年目ぐらいだったと思う。もの静かなタイプの藤圭子さんが、必死ででんぐり返しや腕立て伏せをしてる姿が大ウケしたのがきっかけで、独立したコーナーになった。

アイドルたちも、みんな楽しんでた。いろいろな女性アイドルが出てたけど、仲本はやっぱりキャンディーズの3人が、動きもコントを盛り上げるカンもずば抜けてたって言ってたな。男性アイドルだと、西城秀樹君やにしきのあきら君の動きが、横から見てても抜群だった。

途中から、うまくいってもいかなくても「ハイ、ポーズ」と言いながら決めポーズをするようになった。あれはドリフのメンバーみんなでアメリカのラスベガスに行ったときに、マッチョな男性ダンサーが肉体美を見せるショーをやってて、それをヒントにしたんだよね。

長さんの勧めでいろんな遊びに挑戦した

『全員集合』の頃の思い出は、番組以外にもたくさんある。「ネタ会議」がいかにピリピリした雰囲気だったかって話をしたけど、楽しいこともあった。

長さんが時々、「おい、ちょっとこれ見てくれよ」って言いながら、見慣れないものを机の上に並べた。パイプとか8ミリカメラとかね。長さんは新しいもの好きで、これから世の中で注目されるものを見つけてくるのが得意だった。自分が興味を持つと、ほかのメンバーに勧めるんだよね。

草野球のチームも作ったし、みんなでクレー射撃の資格を取りに行ったこともあった。ゴルフもTBSの隣に打ちっぱなしがあって、けっこうやったな。止まっているボールなのに、当たらないんだよね。

強制っていうわけじゃないけど、リーダーの勧めだから「いや、俺はいいです」とは言えない。長さん、怖いしさ。でも、ちょっと面倒臭いなあと思いながらも、同じ遊びを楽しむことでチームワークが深まったところはあると思う。遊んでいるときって、仕事しているときとはまた別の顔が見えたりするしね。

僕はタバコは吸わないんだけど、パイプはちょっとだけやってみた。あれは吸うもんじゃなくて、ふかすもんだからね。けっこう準備に手間がかかって、5種類ぐらいの葉っぱをブレンドして、ウイスキーをかける。ストレートで吸うと、辛くて吸えたもんじゃない。そうやって自分好みの味を見つけていくのが楽しいらしいけど、僕はそこまではまらなかった。そのときに買ったパイプが、まだ家に何本かある。

パイプより前だったと思うけど、8ミリカメラのときは「みんなで映画撮ろうぜ」ってことになって、短いのを何本か撮った。みんな撮られるのは慣れてるし、まわりにプロもいて教えてもらえるから、編集もちゃんとやって、それなりに凝ったのを作った。内容はすっかり忘れちゃったけど、あれ、残ってたら貴重だよね。

ドリフの勢いの源泉は「よく働き、よく遊ぶ」

クレー射撃を始めたのは、昭和50年頃だった。言い出しっぺの長さんは、負けず嫌いで形から入るタイプだったから、１０００万円以上する銃を持ってた。僕が最初に買った銃は、20万～30万円ぐらい。加藤がめちゃくちゃうまくてね。長さんは、ほかのメンバーが上手になっていくと、自分が負けるのが嫌でやらなくなっちゃった。

結局、クレー射撃は僕がいちばん長く続けて、10年ぐらい前には「芸能文化人ガンクラブ」の会長になっちゃった。その前の初代会長は森繁久彌さん。畏れ多いよね。僕も高齢になったから、２０２０（令和２）年からは会長をヒロミ君に変わってもらって、今は顧問をやらせてもらっている。

最初は付き合いで始めたけど、ありがたいことに一生の趣味と出合わせてもらえた。長さんが新しいもの好きで、しかもみんなを巻き込むタイプでよかったよ。

今の感覚で言うと、プライベートまで仕事仲間と過ごしたくないって思うかもしれないけど、当時は分ける発想はなかった。何でも遠慮なく言い合いながら仕事して、いいものを作っていくためには、仕事も遊びもいっしょっていうのは悪いことばかりじゃない気がする。あくまで、それがドリフには合ってたってことなんだけどね。

それに、何にでも興味を持って手を出してみる長さんの好奇心の強さは、ドリフの笑いに大きな影響を与えたと思う。おかげで僕らも、いろんな世界を経験させてもらえた。ただ、長さんがそこまで考えてやってたかどうかはわからない。自分の欲求に素直に従ってただけかもね。

それにしても、あんなに忙しかったのに、よく遊ぶ時間があったと感心する。みんな若かったんだよね。よく働き、よく遊ぶ。それがドリフの勢いの源泉になっていたのかな。

6人で「リオのカーニバル」に乗り込んだ

ドリフのメンバーとは、世界中いろんなところに行った。いちばん遠かったのは、ブラジルのリオデジャネイロかな。「リオのカーニバル」に乗り込んだんだよね。

テレビ番組の企画だったんだけど、もうすぐ荒井さんが抜けて、代わりに志村が入ることになっていた時期だから、１９７４（昭和49）年の2月か3月だと思う。

言ってみれば、メンバーが6人いた貴重な時期だよね。今はどうか知らないけど、その頃のリオのカーニバルは、外国人は踊っちゃいけなかった。そこをどうにか話をつけて、自分の名前が入ったハッピを着て見よう見真似で踊った。

僕のアルバムにはそのときの写真が残ってる。番組以外で荒井さんと志村が同時に写っている写真（前半口絵参照）は、かなり珍しいんじゃない

かな。

とにかく迫力が半端なかったのは、よく覚えてる。色とりどりの衣装に身を包んだ踊り子さんたちのチームが次々に登場して、大音響のサンバのリズムに合わせて、大通りを埋め尽くしている観客もいっしょになって踊りまくってた。すっかり圧倒されたけど、同時に「音楽の力ってすごいなあ」ってあらためて感動した。

あのときは、まずカナダのバンクーバーに行って、ニューヨークに行く飛行機に乗り換えて、ニューヨークからサンパウロに行って、そこからリオデジャネイロに移動して、全部で30時間以上かかった。そうそう、あとから来ることになっていた荒井さんと志村が、予定の時間になっても来なかった。みんなで心配してたら、1日遅れぐらいで現れた。

志村と荒井さんが一時、行方不明に

あとで聞いたら、ニューヨークに着くはずだった飛行機が、何かの都合で別の空港に着いたらしい。そうなると言葉がまったくわからないから、もうお手上げになる。ほら、荒井さんは、英語は「デスイズアペン」しか知らないから。志村もそのときが初めての海外旅行だったし、二人で途方に暮れちゃった。

そしたら日本人の別のツアーの人が荒井さんの顔を知ってて、何時にどこに行けばいいですよとか、細かく面倒見てくれたらしい。おかげでリオまでたどり着けた。かなりの珍道中で、志村は自分の本の中で「ずっとビデオを回していたら、番組が一本できたぐらい、面白い旅だった」なんてノンキに書いてる。

一時はどこにいるかわからないし、まったく連絡も取れない。こっちはどんなに心配したことか。でも、そういう図太いところが、あの二人のいいとこだよね。

リオではカーニバルだけじゃなくて、イパネマ海岸にあるホールでサンバの生演奏を聴いたり、ブラジルのトップレベルのサッカーの試合を観戦したりした。「本物に触れることで、必ず何か吸収できる」っていうのが、長さんの考えだった。何かを吸収できたかどうかはよくわからないけど、貴重な経験をたくさんさせてもらって楽しかったな。

個人的に嬉しかったのは、ウクレレの原型になった「ブラギーニャ」っていう民族楽器を実際に見たこと。19世紀後半にポルトガル人の移民がこの楽器をハワイに持ち込んで、それが改良されてウクレレになった。ブラジルはポルトガルと関係が深いから、どこかに展示してあった。憧れの楽器と出合えて感激したな。

年越しはドリフのメンバーとともに

『全員集合』の頃の年明けは、有楽町の日本劇場（日劇）で「ザ・ドリフターズショー」をやってた。ゴールデンウィークは浅草の国際劇場で、お正月は日劇っていうパターン。舞台にセットを組んでコントをやったり、ゲストの歌手が歌ったり、僕たちも演奏をしてみたり。志村が入ってからは、僕が荒井さんの代わりにキーボードを担当していた。昔のチラシを見ると、たとえば１９７６（昭和51）年は『ドリフターズ！今年もドバッと全員集合！』ってタイトルで、１月14日から20日までの開催。ゲストがあいざき進也君とキャンディーズの３人だった。１９７３（昭和48）年のゲストは、天地真理さんと中尾ミエさんと4人組のゴールデン・ハーフ。こっちはまだ荒井さんの時代だね。

お正月っぽい出し物をいろいろやったけど、歌舞伎の連獅子って言うのかな、重くて派手な衣装を着て赤や白の長い髪の毛をグルグル回すヤツ、あれは難しかった。なかなか思うように髪の毛が回ってくれないんだよね。

1月1日から公演が始まる年も多かった。大晦日は毎年『レコード大賞』や『紅白』に応援で出て、そのあと『ゆく年くる年』があって、1日から公演がある年はそのまま日劇でリハーサル。いつも年越しはドリフのメンバーといっしょにいたけど、あらためて「明けましておめでとう」って挨拶した記憶はない。そういうバタバタした年越しも、今思えば楽しかったな。

年明けの舞台のときは、メンバーやスタッフだけじゃなくて家族もたいへんだった。メンバーの家族総出で楽屋弁当を作って、差し入れしてくれてた。ウチだけでも、おにぎりを200個くらい握って、お味噌汁をいくつものポットに入れて用意してたな。当時はコンビニなんてないし、飲食店も開いてないからね。

初めてのハワイとホノルルマラソン

今ではもう何度行ったかわからないハワイに初めて行ったのも、『全員集合』が始まってすぐの頃だった。フジテレビの『スター千一夜』という番組で、ドリフのファミリーがハワイに全員集合したんだよね。海外旅行は今と比べものにならないぐらい高嶺の花だったから、憧れのハワイに行けたのは嬉しかったな。

ウチもカミさんと娘のかおるの3人で参加した。かおるは8歳だった。それまで憧れだったハワイに実際に行って、独特の空気に触れたことでますます好きになった。全身の細胞が喜んでるのを感じるんだよね。

そのときは番組がらみだったけど、ドリフは一時期、毎年のようにグアムやサイパンに「社員旅行」に行ってた。楽しかったな。僕たちメンバーもリフレッシュできたけど、いつも苦労をかけている家族やスタッフへの罪滅ぼしもあったと思う。

ほかにも、毎年恒例の『新春かくし芸大会』に向けた厳しい特訓のこととか、メンバーみんなで3回出た「ホノルルマラソン」のこととか、当時の思い出は山のようにある。「ホノルルマラソン」は、僕はいつもすぐリタイアしてたけど、3回目に仲本と長さんが完走したんじゃなかったかな。運動が得意な仲本はわかるけど、長さんが完走したのはビックリした。ドリフの特番だから、誰か完走しないと番組としては困っちゃう。長さんはかなり前から、秘密のトレーニングを積んでたらしい。

負けず嫌いだったし、何よりリーダーとしての責任感なんだろうね。ただ怖いだけじゃなくて、ここぞというときの体を張ったがんばりはすごかった。だからみんなブツブツ言いながらも、長さんに付いていったんじゃないかな。

リハーサル中にアキレス腱を断裂

僕にとって大きな出来事だったのが「アキレス腱断裂事件」。リハーサル中だったからテレビで目撃した人はいないけど、急に4人のドリフになって「あれ？」と思った覚えがある人はいるかもしれない。

あれは、1984（昭和59）年9月14日のことだった。『全員集合』放送前日の体操コーナーのリハーサルで、トランポリンの練習をしていた。足を踏ん張って飛び上がろうとした瞬間、いきなり足首を丸太みたいなもので叩かれた感じがしたんだよね。「ドーン」ってすごい音がして、「何すんだよ！」って言いながら倒れ込んだ。気がついたら左の足首から先がブランブラン揺れてて、そのまま起き上がれなくなった。

もちろん誰かが丸太で叩いたわけじゃなくて、飛び上がろうとしたはずみでアキレス腱が切れたらしい。そのまま病院に運ばれて、左足にギブスをはめられて50日間の入院生活が始まった。ギブスは3か月近くつけてて、外れたあともすぐにはスムーズに歩けない。番組は4か月ぐらいお休みしたかな。みんなには迷惑かけちゃった。

このとき僕は51歳。毎週の生放送に疲れを感じ始めてもいたのかな。ベッドに横になりながら、早く復帰しなきゃと思ういっぽうで、「このまま番組を抜けてもいいかな」という気持ちも湧いてきた。長さんにチラッと話したら、「バカなこと言わないでくれよ、ブーたん」って説得された。長さんに「ブーたんは必要な存在なんだから」って言われたら、抜けるわけにはいかないよね。

ケガした翌年の1985(昭和60)年1月に番組に戻ったんだけど、結局その年の9月いっぱいで『8時だョ！ 全員集合』は、16年の歴史に幕を下ろした。最高視聴率は50・5%(1973年4月7日)。あのときは局やスタッフが大騒ぎだった。

『ひょうきん族』に負けたわけじゃない

最終回の803回目のコントは、おなじみの「かあちゃんもの」だった。長さんが和服とカツラで「かあちゃん」に扮して、悪ガキの僕たちがいろんないたずらを仕掛けては、かあちゃんに怒られる。

家に帰ってきた加藤が「おかあさん、ただいま。一本つけろや」って言ってみんなでずっこけたり、僕は「かあちゃん、腹へった。なんかくれよ」って手を出して、長さんに「親に向かって、なんだその態度は！」って竹ぼうきの先でつつかれたり。あのチクチクした感触は、今でも覚えてる。天井から落ちてきた金だらいを頭で受けるのも、この番組では最後なんだと思うとなんか切ない痛さだったな。

その日は荒井さんも駆けつけてくれて、フィナーレでは僕の横で『いい湯だな』に合わせて踊ってた。ゲストも豪華で、和田アキ子さん、由紀さおりさん、研ナオコさん、郷ひろみ君、近藤真彦君……。ドリフのメンバーは蝶ネクタイにスーツ姿で、それぞれに花束を持ってね。

最終回の視聴率は34％だった。その頃はだいたい10％台後半だったから、たくさんの人が別れを惜しんでくれたのかな。ありがたいよね。

よく「『全員集合』は裏番組の『オレたちひょうきん族』に負けたから終わった」っていう言い方をされるけど、僕はそれは違うと思ってる。１９８１（昭和56）年にフジテレビで同じ時間に『オレたちひょうきん族』が始まって、「土8戦争」なんて言われてた。視聴率でどっちが勝ったとか負けたとかも、よく話題になってた。

ただ、『全員集合』と『ひょうきん族』では、作り方も笑いの方向もぜんぜん違う。『全員集合』は何度もリハーサルを重ねて、細かいところまで作り込んだ笑いを公開生放送で見せる。『ひょうきん族』は出演者が個人のキャラクターを伸び伸びと出して、アドリブも積極的に入れながらスタジオで収録してつないでいく。僕の中では「別のジャンル」の番組で、ライバルと思ったことはない。

『全員集合』が終わったのは、『ひょうきん族』に負けたからじゃなくて、作り込んだ笑いを公開生放送で見せるスタイルが、番組としての役割を終えたということ。だから、さんまさんやビートたけしさんに対して、ヘンな感情なんてこれっぽっちもない。すごい才能だなと尊敬してるし、これからもどんどん活躍してほしいと願ってる。

3章

子ども時代、ウクレレとの出合い、そしてプロに

自分が90歳になったなんて、まったく実感がない。実感はなくても、生まれてから90年たったんだよね。長いみたいだけど、過ぎてみるとあっという間だった。

この世に生を受けたのは、1933（昭和8）年3月8日。歴史を振り返ると、関東大震災から10年、昭和恐慌も落ち着いて、わりと平和な世の中だった。8年後に太平洋戦争が始まって、どんどんたいへんな世の中になっていくんだけどね。戦争が激しくなるまでは、穏やかで楽しい子ども時代を過ごしていた。

僕が生まれた家は東京の巣鴨にあった。巣鴨駅から山手線の線路沿いにちょっと大塚のほうに行ったあたり。親父は「金門商会」という水道メーターやガスメーターを作る会社に勤めていて、壁を隔てた会社の敷地の一角に木造平屋建ての社宅が並んでた。全部で7軒だったかな。庭には立派な松の木と、鯉が泳いでいる池があった。ちゃんと聞いたことはなかったけど、親父は会社でけっこう偉い立場だったみたい。

家には当時はまだ珍しかったポータブルプレーヤーが置いてあった。それでジャズのレコードを聴いたときは「何だこれ！」とワクワクしたのを覚えてる。小学校の唱歌とはぜんぜん違って刺激的だった。今思えば、ハイカラな家だったのかな。いちばん上の兄貴はタップダンス、2人の姉は日本舞踊や社交ダンスをやってたしね。

僕の本名は「友之助」で、親としては友達に恵まれるとか、友達を大事にするといった意味を込めて付けてくれたらしい。そこは親の期待に、ある程度は応えられたかな。友達に恵まれたのは間違いないし、友達は大事にするほうだと思う。

子どもの頃から運動は苦手で、わんぱくとはほど遠いタイプだった。先頭に立つんじゃなくて、いつも後ろから付いて歩いてた。たとえば木登りにしても、友達と同じようにできなくても「まあいいや」とすぐあきらめちゃう。

そういうのって何となく「高木ブー」っぽいかも。「三つ子の魂百まで」とは、よく言ったもんだよね。

父親と手をつないで出かけた境内の縁日

6人きょうだいの末っ子で、姉が2人と兄が3人。僕が生まれたときはいちばん上の兄貴は19歳、いちばん上の姉貴は18歳でもうお嫁に行ってた。のちに僕にウクレレをプレゼントしてくれたすぐ上の三男とも8歳離れてたから、きょうだいとはいっしょに遊ぶっていう感じじゃなかった。かわいがってはくれたけどね。

それより、両親に相手してもらっているほうが多かった。歳を取ってからの子どもだったから、今思うとけっこう甘やかされてたかな。

僕はわりと父親っ子だった。4つか5つのときかな、親父と毎晩、差し向かいで晩酌をしてた。夕方に親父が帰ってくると、おふくろが2合徳利をちゃぶ台に出してきて晩酌が始まる。そのときにもう一本、水を入れた徳利とお猪口を出してくれた。親父が「友、まあ一杯いけ」なんて徳利の水を注いでくれたり、僕も見よう見真似で親父に注いだり。とくに何を話すってわけでもなかったけど、あれは楽しかった。

巣鴨のとげぬき地蔵は、今もだけど当時も「4」のつく日には市が立って、露店もいっぱい出てにぎやかだった。ただ、小さい子ども向けじゃなかったのかな、あんまり行った覚えがない。家から見てもっと手前の「眞性寺」ってお寺の境内でやってた縁日のほうが記憶に残ってる。小さい頃は父親と手をつないで出かけた。

もう少し大きくなると友達と行ったんだけど、ふだんの日は1銭のお小遣いが、縁日のときは10銭だった。それで飴玉を買ったりクジを引いたり、たまに芝居小屋に入ったりした。アセチレンガスっていうんだっけ、境内全体が赤く照らされてるんだよね。独特のにおいを今もよく覚えてる。

休日の楽しみは、親父やおふくろと映画を観に行くこと。親父はチャンバラ映画が好きで、隣町の大塚にある日活系の映画館によく行った。嵐寛寿郎の「鞍馬天狗」シリーズを何度か観た覚えがある。

当時の映画館は椅子席が男女で分かれていて、二階は座敷で履物を脱いで上がるようになっていた。そこだと家族いっしょに見られる。小さい頃はそこばかりだった。もしかしたら料金もちょっと高かったのかな。そこはわからない。

映画に行く前には、食堂に寄るのがお決まりのコースだった。僕はいつも親子丼を頼んでた。昔から卵が好きだったんだよね。親父は日本酒をチビチビやるんだけど、当時は戦時体制でお酒はひとり1合しか注文できなかった。おふくろは酒を飲めなかったんだけど、自分も注文してそれを親父にあげてた。二人の仲のよさが伝わってきて、子どもながらに嬉しい光景だったな。

やさしかった親父の一度だけの平手打ち

親父は僕には甘かったけど、一度だけひどく怒られたことがある。小学校に入る前だけど､近所の遊び友達から､悪い言葉を教わったんだよね。たしか「マヌケ〜」だったかな。家に帰ってきて、何も考えずに親父に向かって「マヌケ〜」って言ったら、いつもはやさしい親父がたちまち怖い顔になった。

「謝れ、友之助！」って言われたけど、僕は何がいけなかったのかよくわからない。意地を張ってたわけでも何でもないけど、黙ったまま固まってたら、いきなり親父に平手打ちをされた。

大声で泣き出した僕を親父が抱きしめてくれて、ようやく自分はひどいことを言ったんだと気づいた。まわりで兄ちゃんたちやおふくろが、おろおろしながら見てたのを覚えてる。親父に殴られたのは、あのときが最初で最後だった。

子どもの頃の記憶ではっきり覚えているのが、自宅の庭先に鶏小屋があったこと。

そこに鶏が5、6羽いた。毎朝、夜明けに大きな声で鳴き出すもんだから、鶏小屋のすぐ横の部屋で寝ていた3番目の兄貴は「うるさくて寝られないよ」って、いつも文句言ってたな。

鶏たちがよく卵を産んでくれて、それがいちばんのごちそうだった。たまにお弁当のおかずがゆで卵の日があったんだよね。横に醤油が入った陶器の入れ物が添えられてた。ほかにおかずらしいおかずは入ってなかったけど、それが楽しみだったな。

僕が卵好きになったのは、間違いなく飼っていた鶏の卵がおいしかったから。今もいちばんの大好物はゆで卵です。醤油が入った小皿を横に置いて、少しずつ付けて食べるのが昔からの僕の流儀。そうそう、ラーメンを食べるときも、必ず「味玉」を追加でトッピングしている。

卵と言えば、ドリフのコントでビールジョッキに生卵を16個入れて、一気に飲んだことがある。『ドリフ大爆笑』だったと思う。殿様の役で、家来役のメンバーがジョッキの中にどんどん卵を割っていく。その前に誰かが作った記録が15個で、それを超えようってことで16個になったんだよね。

そのときもスタッフに頼んで、醤油差しを用意してもらった。ジョッキを手に持ちながら途中で醤油を注いで、全部飲み干しましたよ。あれは苦しかったなあ。ウケたみたいだからよかったけど。飲んだあと体全体がポカポカしてきた。やっぱり卵って栄養があるんだね。

あれ、何の話だっけ。話が脇道にそれちゃったね。卵だからコロコロ転がっていくのは仕方ないか。

空襲の夜、目の前で自分の家が燃え落ちた

戦争が激しくなるにつれて、穏やかな日々は終わりを告げた。3人の兄貴は次々に出征していった。親父もおふくろも毎日、防火訓練とかで忙しい。集団疎開も始まったけど、僕は巣鴨で両親と暮らし続けた。そういう子どものことを当時は「残留組」って言ってたな。もともとは1学年で4〜5クラスあったのに、6年生のときには1クラスだけだった。

何年か前に写真が出てきてビックリしたんだけど、家の庭に防空壕があったんだよね。作ったのは、戦争が激しくなってからだから1944（昭和19）年かな。写真には、11歳ぐらいの僕と遊びに来ていた親戚の子が写っていた。

穴を掘って鉄板を載せて、土をかぶせるだけの簡単な作りで、人が避難できるようなものじゃない。家財道具とか食糧とか、大事なものをしまっておくのに使ってたんだろうと思う。出てきた写真も防空壕に入れてあったから、空襲で自宅が燃えても無事に残ってたんだよね。

1945（昭和20）年に入ると、日に日に緊迫した状況になってきた。アメリカのB29がしょっちゅう飛んできて、そのたびに空襲警報が鳴り響く。3月10日には東京の東側を狙った「東京大空襲」で、10万人の一般市民が亡くなった。4月には僕が住んでた豊島区を含む地域が「城北大空襲」で大きな被害を受けた。

その晩の空襲警報はすごかった。大編隊のB29が大量の焼夷弾を降らして、たちまち見渡す限り火の海になった。おふくろは先に小石川植物園に逃げたけど、僕と親父はどうにか火を消そうとがんばった。でも、焼夷弾って油が詰まった筒の束がはじけてあちこちで燃え出すから、どんなに水をかけても消えないんだよね。

目の前で自分の家が燃え落ちていくのを見るのは、何とも言えずみじめだった。「どうして」って呆然とした気持ちにもなった。「もうダメだ。逃げよう」となって、飛んでくる火の粉を浴びないように布団を二つ折りにして、火の海の中を小石川植物園に走った。2キロちょっとの距離だけど、果てしなく遠く感じたな。

夜が明けると、家がビッシリ建ち並んでいたはずなのに、巣鴨まで全部焼け野原だった。家のほうに向かってトボトボと歩き始めたんだけど、途中には焼けたご遺体がたくさんあった。あの光景も、そしてにおいも忘れられない。とにかくつらかった。

母親の実家があった柏で聞いた「玉音放送」

巣鴨の家が空襲で燃えて、しばらくその場所にバラックを建てて住んでたんだけど、雨が降ると雨漏りはするし地面もぬかるむしで、どうしようもない。おふくろの実家を頼って、千葉の柏に移り住んだ。

戦争が終わったのは、僕が中学1年生のとき。8月15日正午からラジオで流れた「玉音放送」は、おふくろの実家があった千葉の柏で聞いた。暑い日だったな。ラジオの音よりセミの声のほうが大きかった。

雑音だらけで言葉も難しくて、よく意味がわからなかったんだけど、まわりの大人たちが「日本が負けた」と言っている。それを聞いて「そうなのか。負けたのか」と思ったのを覚えている。日本が負けるなんて思ってなかったし考えちゃいけなかったから、悲しいとか悔しいとかより、頭が真っ白になる感じだった。

ご多分に漏れず、僕も「軍国少年」のひとりで、子どもの頃から飛行機乗りになるのが夢だったんだよね。あと何年かしたら、陸軍の航空学校を受験するつもりでいた。自分の運動神経を考えると合格は難しかったかもしれないけど、それはともかくとして、戦争が終わって目標がなくなってしまった。

中学校は空襲を受ける前に、文京区の白山にあった「京北学園」に入学していた。今は東洋大学と合併したみたい。空襲があった頃から終戦後しばらくするまでは、ずっと休みだった気がする。学校が再開されたということで、柏から常磐線と山手線と都電を乗り継いで白山まで通い始めた。

けっこうな長距離通学だけど、なぜ柏の学校に転校しなかったのかは、よく覚えていない。昔から現状を変化させるのが苦手で、というか変化を面倒に感じる癖があって、何となくそのまま通うことにしたんじゃないかな。ただ、やると決めたことに対しては勤勉なタチで、毎日せっせと貨車みたいな車両で通っていた。

柏の夏祭りで初めて人前でウクレレを弾いた

僕には人生の恩人と言える人が3人いる。ひとりは、長さん。ほかのバンドにいた僕に、長さんが「ドリフに来ないか」と言ってくれなかったら、「高木ブー」は生まれてないし、この歳まで仕事をやれていない。

あとの二人は、10代の頃、僕にウクレレの魅力と奥深さを教えてくれた人たち。ウクレレとの出合いは、3番目の兄貴の気まぐれがきっかけだった。兄貴はハワイアンにはまっていて、当時大人気だった灰田晴彦（有紀彦）さん・勝彦さん兄弟の追っかけみたいなことをしていた。

その兄貴が、何を思ったか、僕の15歳の誕生日にいきなりウクレレをプレゼントしてくれた。１９４８（昭和23）年だから、まだ戦争が終わってすぐの頃だね。ねだったわけでもないし、楽器に興味があったわけでもない。なんで買ってくれたのかなあとで聞いてみたけど、「なんでかな。俺もよくわからないんだ」って笑ってたな。

あっ、買ってもらっておいて悪いけど、恩人の中に兄貴は入ってない。もちろん恩は感じてる。でも、身内だから勘定に入れなくていいよね。

もちろん、弾き方なんてわからない。

たまにポロロンってやるぐらいで、すっかりほこりをかぶってた。やがて僕は高校生になった。夏が近づいてきて、趣味でスチールギターをやってた知り合いの増田進さんが、「柏の夏祭りでハワイアンをやろうと思うんだけど、いっしょにやらないか」って誘ってくれた。増田さんが二人目の恩人。

たぶん、楽器を持ってるヤツなら誰でもよかったんだと思う。僕もいいかげんだから、弾けもしないのに「やります」なんて言っちゃった。僕の人生、何となく流されてという場面が多いんだよね。

ほかのメンバーに簡単なコードを教えてもらっているうちに、夏祭りの当日がやってきた。いざステージに立つと、客席にはお客さんがぎっしり詰めかけてる。

もうヤケだった。演奏したのは5、6曲かな。僕は覚えたての「G」のコードをひたすらかき鳴らしてただけだけど、ふと客席を見ると、大勢のお客さんが自分たちの演奏に合わせて、体を揺らしたり拍手したりしてる。気持ちよかったなあ。

抜群にウクレレがうまかった転校生の古川君

夏祭りのステージをきっかけに、僕はすっかりウクレレにはまった。狭い町だから、道を歩いていると「あっ、夏祭りのときのウクレレのお兄ちゃん」なんて声をかけられたりする。そういうのも嬉しくて、ウクレレをやるモチベーションになった。我ながら単純だけどね。

自己流で練習を重ねて、しばらくたつといちおう弾けるようになった。僕が学校に持っていって弾いたりするもんだから、その影響で学内でもウクレレを始めるやつが何人も現れる。そいつらに弾き方を教えたりなんかして、ひそかに「この学校では自分がいちばんうまい」なんて思ってた。

そんなときに転校してきたのが、3人目の恩人の古川和彦君。「ちょっと俺にもやらせて」って言って彼が弾いたら、うまいのなんの。僕なんて足元にも及ばない。聞いたら、兄貴が立教大学でウクレレをやってるらしい。当時、大学のハワイアンバンドでは慶應と立教が名門だった。

それから古川君とはすっかり仲良くなって、南千住の彼の家にしょっちゅう泊まり込んで、いっしょにウクレレの練習をやってた。教則本なんてないから、レコードを何度も聴きながら、「この音はどうやって出すんだろう」って試行錯誤したりして。た

いていは上手な古川君が弾き方を見つけて、それを僕が教えてもらってた。

彼は高校の頃から「プロになりたい」って言っていて、その言葉どおり、卒業するとすぐに有名なハワイアンバンドの一員になった。僕とはある意味ウクレレのライバルだったわけだけど、先を越されて悔しいとは、ぜんぜん思わなかった。ちゃんと腕前を評価してもらえてよかったって、僕も嬉しかった。

今でも、常にって言うと言い過ぎだけど、ウクレレを持つとたまに二人のことを思い出す。いろんなめぐり合わせのおかげで自分は今ここにいるんだな、なんて考えたりもする。長生きしている僕が、二人の分までがんばって弾き続けなきゃね。

ボクシングを習っていたことがある

僕の高校生活は、1年生の2学期からはウクレレ中心に回っていた。仲間を集めてバンドを組んで、演奏会やダンスパーティをやったりしてたな。

ここだけの話、初めて女の子と付き合ったのも高校時代だった。僕にとっては初恋だね。その子にいいところを見せたいっていう気持ちもあったかもしれない。結局は僕のバンド活動が忙しくなったこともあって、何となく疎遠になっちゃったんだけどね。今も元気かなあ。元気だといいな。

まったくウクレレ一色だったわけでもない。意外に思われるかもしれないけど、中学から高校にかけてボクシングを習ってた。当時の常磐線は硬派というか、荒っぽい高校生もいっぱい乗ってたんだよね。「ケンカとか吹っかけられたらやだなあ」と思って、学校の先輩に勧められて水道橋にあったボクシングジムに通うことにした。フライ級だったから、体重は50キロ前後だったのかな。

2年ぐらいやって、試合も何度か出た。1回も勝てなかったけどね。ボクシングを始めたあとでウクレレに出合って、そっちが面白くなっちゃった。もともと痛いことは苦手だったし、指をケガしたらウクレレが弾けなくなると思って、ボクシングはやめちゃった。ボクシングよりもウクレレを選んだってことかな。

何十年かたって、ドリフのコントでボクシングをやることがあったんだけど、長さんに「ブーたん、構えが決まってるな」と珍しくホメられた。人生、何がどう役に立つかわからない。コントのときも、あっさりノックダウンされる役だったけどね。

「お前の夢なんだったらしょうがない」

高校を出て、中央大学経済学部に進んだ。勉強は二の次で、ますますウクレレにのめり込んでいった。学生時代は音楽研究会に入って、「ルナ・ハワイアンズ」っていうバンドでダンスホールやクラブで演奏してた。

音楽研究会の先輩には、のちにクレージーキャッツのメンバーになる谷啓さんがいた。当時から有名なトロンボーン奏者だったな。ちなみに京北高校の先輩にあたるのが、植木等さん。かなり先輩で重なってはいないけど。お二人には渡辺プロダクションでもお世話になった。不

「ルナ・ハワイアンズ」

思議なご縁だよね。

　卒業が近づいてきて、身の振り方を決めなきゃいけない。すでに音楽でそれなりにギャラを稼いでいたこともあって、自分ではこのままミュージシャンになろうと思っていた。ただ、大学まで行かせた息子が、そんな不安定な仕事につきたいなんて言ったら、親は反対するに決まってる。

　だからといって話さないわけにはいかない。意を決して、卒業が近づいてきたある日、親父に「音楽で食っていきたい」と告げた。そしたら親父はひと呼吸おいて、「お前の夢なんだったらしょうがない」と言ってくれた。あちこちに頭を下げて東京ガスへの就職を決めてくれていたんだけど、それに関しては何も言わなかった。やさしく許してくれた親父には感謝している。

　プロになると決めて結成したのが「高木智之とハロナ・セレナーダス」。本名の「友之助」の古臭い響きが好きじゃなくて、自分で「智之」という芸名を考えたのはこのときだった。今思うと、自分のやりたいことを貫いてミュージシャンになったこととといい、親にもらった名前を変えちゃったことといい、何重にも親不孝だね。

米軍の飛行機で行った「ワールドツアー」

当時は日本各地に米軍が駐留してて、ハワイアンは軍人さんに大人気だった。今日は厚木、明日は横田って感じで、毎日忙しかった。所属していた事務所は、バンドと女性ダンサーと、マジシャンや漫談ができる人を「お徳用詰め合わせ」にしてキャンプに売り込んでいた。

言われた時間に東京駅の八重洲口とか新宿駅の南口に行くと、米軍のトラックが迎えに来る。荷台に乗せられて、その日に仕事がある基地に向かう。集合場所にはたくさんのミュージシャンが集まってた。

「拾い」っていうキャンプの仕事を斡旋してくれる人がいて、「横須賀、ベースいないか？」なんて声をかけると、誰かが手を挙げて、すぐに即席のバンドが誕生する。新宿南口には、小さな物置小屋で楽器を預かる商売もあった。まだ闇市の気配も残ってて、混沌としてたけど独特のエネルギーにあふれた光景だったな。

海外への「ワールドツアー」にも何度か出かけた。「お徳用詰め合わせ」のメンバーで、台湾やフィリピン、返還前の沖縄に行って米軍キャンプで演奏する。立川にあった米軍の飛行場で軍用機に乗り込んで、パラシュートを背負って向かい合わせて座ってね。

旅客機じゃないから揺れも激しかったし、時間もやたらかかった。何より座席が硬くてお尻が痛かったのを覚えてる。いつだったか部屋を片付けていたら、そのときのパスポートが出てきた。軍専用の特別なパスポートで職業欄には「音楽師」と書いてあった。

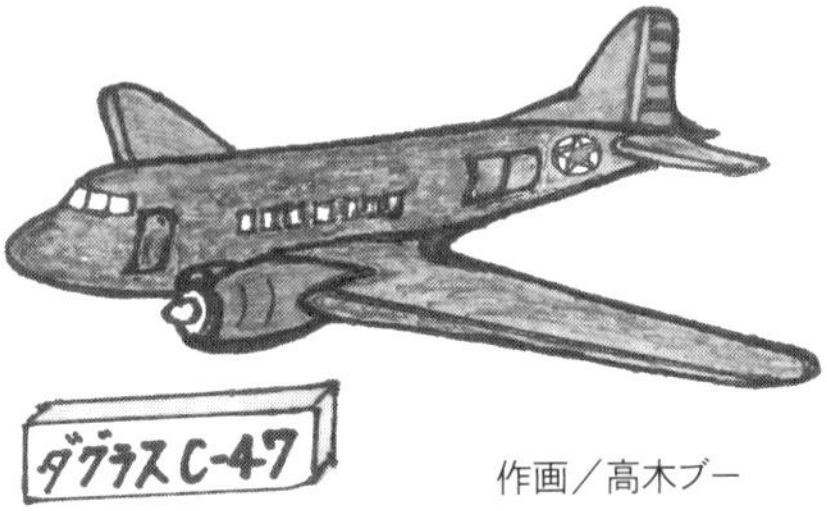

作画／高木ブー

米軍キャンプで出合った「アメリカの味」

海外のキャンプに着くと、だいたい1か月ぐらいいたかな。日本国内でも同じだけど、キャンプの中にはサービスクラブ、一般兵のクラブ、下士官クラブ、将校クラブと4つのクラブがあった。僕らのチームは、今日はこっち明日はあっちと、夜はどこかのクラブのショータイムにゲストとして出演する。どこもお客さんのノリがよくて演奏してて楽しかったな。

コカ・コーラもハンバーガーも巨大なステーキもタバコの「ラッキーストライク」も、米軍キャンプで出合った。コーラを初めて飲んだときは「不思議な味だなあ」と思ったな。でも、独特のおいしさに妙に惹かれたんだよね。

富士あたりの演習場に行って演奏することもあったんだけど、ビックリしたのがトイレ。隣りとの壁がなくて、座って用を足しながら隣りの人と話ができる。あれは最後まで慣れなかった。

キャンプの中にいる分には、ほとんどお金はかからない。ギャラとは別に1日5ドルの手当てが出た。1ドル360円だったから、だいたいはそれで足りた。ギャラがそのまま残ったのはありがたかったな。

言葉も通じないからあんまり外には飲みに行かなかったけど、沖縄では踊れるお店に何度か行った。当時はクルマが右側で、お金もドル。繁華街には米兵があふれてる。いちおう日本語は通じても、やっぱり「アメリカ」だったんだよね。

アメリカの音楽を憎んだことはない

考えてみれば、矛盾しているかもしれない。戦争が終わって、僕はウクレレに出合ってハワイアンに夢中になった。アメリカ軍の空襲で家を焼かれたのに、自分をひどい目に遭わせた国の音楽を演奏して喜んでるわけだよね。

でも、アメリカの音楽を憎む気持ちが湧いてきたことはないし、米軍キャンプを回ってアメリカ兵の前で演奏しても、彼らにマイナスの感情は抱いたことがない。アメリカの音楽もアメリカ人も、むしろどんどん好きになっていった。

人間がノンキにできているのかな。それもあるかもしれないけど、それだけアメリカの音楽や文化が魅力的だったし、音楽を憎むのは違うと思っていたのかもしれない。どこの国の音楽とか、どこの国の人とか関係なく、みんなで同じ音楽を楽しめるのが、平和ってことだと思う。「どこそこの国の音楽だから嫌いだ」なんて言ったら大切な平和を壊しちゃう気がするし、そもそも音楽に失礼だよね。

ジェリー藤尾さんが「ウチでやらない？」

昭和30年代半ば頃になると、日本の音楽シーンが大きく変わってきた。エルビス・プレスリーの登場でロックンロールが注目されたり、ダークダックスやデューク・エイセスがやっていたジャズ・コーラスが人気を集めたりね。僕らも新しいことをやってみようと、同じメンバーで「高木智之とハロナ・リズム・コーラス」に生まれ変わった。

この頃は、試行錯誤の時期だったな。しばらくすると、また物足りなくなってきた。その頃、アメリカで「ザ・フォー・フレッシュメン」っていうコーラスグループが人気で、カッコよかったんだよね。

「パップ・コーンズ」

あれをやろうとメンバーを一部入れ替えて「ニュー・フレッシュメン」を結成した。我ながら安易なネーミングだな。

それもしっくりこなくて「どうしたもんかな」と思っている頃、ジェリー藤尾さんに声をかけられた。ジェリーさんは1962（昭和37）年6月に出した『遠くへ行きたい』が大ヒットして、テレビのバラエティ番組でも引っ張りだこだった。

当時の人気歌手は、自分専用のバンドを持つのがステータスだった。それを引き連れてあちこちのステージに立つ。ジェリーさんがいよいよ自分のバンドを作るとなったときに、僕を含む何人かのメンバーに「ウチのバンドでやらない？」って声をかけてくれた。そうやって結成されたのが「パップ・コーンズ」。なぜ僕らだったのかは、聞きそびれちゃったな。

オーディションの合格者は「仲本興喜」

「パップ・コーンズ」はデキシーランド・ジャズやスイング・ジャズが中心で、僕の担当はバンジョー。渋谷や新宿や池袋のジャズ喫茶がおもな活動場所だった。ジェリーさんはかなりの売れっ子だったから、忙しくてジャズ喫茶に出演できないことがある。控えのシンガーを用意しておかなきゃいけないってことになった。

そのときにオーディションに受かって入ってきたのが、まだ学習院大学の学生だった仲本興喜。そう、のちの仲本工事です。その頃は眼鏡はかけていなかった。ハンサムな好青年だったな。もちろん、歌はうまかった。

仲本は「パップ・コーンズ」に入る前に「永田五郎とクレイジー・ウエスト」というバンドにいて、そこで加藤英文といっしょだった。そう、のちの加藤茶です。時期は違うけど、そのバンドには荒井安雄さん、のちの荒井注さんもいたことがある。不思議な運命というか、まあ狭い世界だったってことだよね。

「パップ・コーンズ」は順調に活動の幅を広げていって、ジェリーさんといっしょにテレビに出て演奏したりもした。当時は演奏しながらちょっとした芝居を取り入れるスタイルが流行り始めていて、仮装もやった覚えがある。初めて警官とか女学生とかになったのは、ドリフに入ってからじゃなくてその頃かな。

1963（昭和38）年1月に娘が生まれたときには、ジェリーさんに名付け親になってもらった。あの頃は、ひらがなで名前を付けるのが流行りで、本名の「薫紀」の一文字から「かおる」って付けてくれた。いい名前をもらって感謝してます。

迷走の末にたどり着いたのがドリフだった

そこまで世話になっておきながら、我ながら飽きっぽいというか何というか、しばらくたつと、また新しいことがやりたくなってきた。盛り上がり始めていたエレキブームに引き寄せられて、「パップ」のドラマーだったロジェ滋野さんや仲本といっしょに「シャドーズ」を結成した。

ジェリーさんには悪いなと思ったけど、当時のバンドの世界は抜けたり移ったりは当たり前だった。もっと条件のいいバンドから声がかかったりしたら、今のバンドのリーダーに15日前に告げれば、抜けることができる。「新しいバンドでやってみようと思います」「そうか、がんばれよ」ぐらいの感じで、お互いにわだかまりとかはない。

「シャドーズ」

そもそも縛られることが嫌いな人たちが集まってたし、誰もが「なにか新しいことをやりたい」という意欲を持ってたしね。

日本にエレキブームをもたらしたのはアメリカの「ザ・ベンチャーズ」だけど、そのライバル的な存在で、イギリスに「シャドウズ」っていうエレキバンドがあった。日本ではあんまり売れなかったけど、すごくカッコよかったんだよね。みんな赤いギターで。

はっきり言っちゃえば、そのスタイルを見本にさせてもらった。「よし、俺たちもやろう」って言って、全員で赤い楽器を持って。衣装は黄色と黒。本家の「シャドウズ」は演奏しながらステップを踏むんだよね。そのスタイルも見習った。かなりカッコいいバンドだったんじゃないかな。今でいえばビジュアル系だよね。

そして1964（昭和39）年の8月の終わり頃、「シャドーズ」として横浜のジャズ喫茶で演奏してたとき、長さんに「ちょっといいかな」と声をかけられて、僕は「ザ・ドリフターズ」に入ることになった。

話があちこちに飛んじゃったけど、「パップ・コーンズ」がなければその後の「シャドーズ」もないし、たぶんドリフに入ることもなかった。ジェリーさんも僕の道を切り開いてくれた大恩人のひとりです。

ジェリーさんに声をかけられたのが29歳のときで、ドリフに入ったのは31歳のとき。振り返ると、迷走の20代だった。でも、すべてが貴重な経験だったし、毎日が刺激的で楽しかった。夢も希望もいっぱいだったしね。自分としては「いい20代を過ごしたな」って満足している。

4章

ウクレレという相棒がいてよかった

振り返ると、僕の人生は大きくふたつに分けられる。それは「全員集合以前」と「全員集合以後」。１９８５年に番組が終わったときに、僕は52歳だった。

ドリフはずっと「バラ売りはしない」という方針だったんだけど、『全員集合』が終わることになったときに、長さんが「16年間がんばってきたんだから、そろそろみんな好きなことをやろうや」と言った。ドリフにとってもメンバーにとっても、大きな節目だったんだよね。

１９７７（昭和52）年から始まった『ドリフ大爆笑』は『全員集合』以後も続いていたし、雷様という〝当たり役〟にもめぐり合って楽しくやっていた。でも、月に１回の放送でしかも収録だったから、時間的にも体力的にも負担がぜんぜん違う。

その後、長さんと仲本は俳優として活躍したし、加藤と志村は「加トちゃんケンちゃん」のコンビで人気を集めた。

たまたまなんだけど、メンバーの中で単独の活動を最初に行なったのは、何を隠そう僕だったんだよね。まだ『全員集合』が終わる前だった。知り合いから声をかけられて、軽い気持ちでキリンビールの取手工場のイベントに出演した。ウクレレを弾きながらハワイアンソングを何曲か歌ったんだけど、気持ちよかったな。久しぶりの感覚を思い出した。

内緒にしてたわけじゃないんだけど、僕がイベントに出ていたことがある週刊誌で記事になったんだよね。ドリフじゃなくて僕ひとりの行動なのに。あのときは「へえ、ドリフの高木ブーって意外にニュースバリューがあるんだな」と感じた。

単独活動のスタートがウクレレの演奏だったというのは、はからずもその後を象徴している。『全員集合』以後の人生では、長年の相棒のウクレレが大きな役割を果たしてくれた。そもそも10代のときにウクレレと出合っていなかったら、ミュージシャンになることもなかったし、ドリフの一員になることもなかったわけだもんね。『全員集合』が人気番組になってからは、テレビでも人前でもウクレレを弾く機会はめったになかった。趣味としては弾き続けていたけど、まさかウクレレ奏者として何枚もCDを出したり、ステージで弾くようになったりするとは思わなかった。数年前から始まった「1933ウクレレオールスターズ」の活動も、とっても楽しい。

ウクレレという相棒がいてくれて本当によかったと思ってる。

別役実さん脚本の二人芝居に出演

キリンビールのイベントには出たけど、すぐにウクレレを本格的に再開したわけじゃない。ドリフのメンバーで、最初に役者をやったのも僕だった。昔からドリフが主演の映画はあったけど、それはまた別の話としてね。

『全員集合』が終わってすぐの頃に、劇作家の別役実さんが脚本を書いた二人芝居に出ないかって話があった。マネージャーから聞いたときには「無理だよ。やめようよ」って言ったんだよね。僕にそんなことできるわけないと思って。

だけど、「とりあえず話を聞きに行こう」っていうことになって別役さんに会いに行ったら、もう話がほぼ決まっていて、断りづらい感じになってた。たしかにいい経験だし、これから役者っていう道もあるかもしれないなと思って、結局は引き受けたんだよね。いつもの「流されグセ」がここでも出たってことかな。

別役さんは毎年6月に、奥さんで女優の楠侑子さんと渋谷の「ジァン・ジァン」で二人芝居の公演をやってた。僕がやることになったのは、楠さんの相手役。『湯たんぽを持った脱獄囚―求むな、されど与えられん―』って作品だった。田舎のバス停で男と女が謎めいたやり取りをするお話なんだけど、台本がとっても分厚くて3センチくらいあった。

『全員集合』のときは「あー」とか「うわー」とか言ってただけなのに、最初に台本を見たときは「どうすんだよ、これ」って呆然とした。しかも別役さんは不条理劇の人だから、セリフが脈絡なくあっちこっちに飛ぶ。覚えづらいのなんの。当時は妻の喜代子さんが元気だったから、相手役をやってもらって毎日必死で練習した。付き合わされるほうも、たいへんだったと思うよ。

その後もたくさんお芝居に出た

あとから娘に聞いたんだけど、当時どこかの駅のホームで、僕が台本を握りしめながら「あーあ、このまま電車に飛び込んじゃおうかな」って言ったらしい。そういえば、そんなこともあったかな。もちろん冗談だけど、そんな物騒な冗談を言い出すぐらい追いつめられていた。

どうにかこうにかセリフを覚えて、渋谷のジァン・ジァンでの公演も無事に終わった。そしたら、自分でも意外だったんだけど、今までに味わったことがない達成感を覚えたんだよね。

しかも、別役さんが何かのインタビューで「高木ブーさんは佇まいがいい。素敵な役者です」ってホメてくれた。あれは嬉しかったな。僕も調子に乗りやすいほうだから、役者って面白いな、もっとやってみたいなって思った。

そのあと、別役さんの家に遊びに行ったときに、彼が「来年のジァン・ジァンの二人芝居は何をやるかまだ決まってない」って言うから、「じゃあ、僕向きのを書いてよ」って自分から頼んだ。それが『トイレはこちら』という作品で、やっぱり楠さん

との二人芝居だった。コミカルな内容だったからか、セリフは前に比べると覚えやすかったかな。とはいっても、すんなり覚えられたわけじゃないけどね。

ほかにも舞台では、宮本亜門さん演出のミュージカルに出たり、藤田まことさんや黒柳徹子さんと共演したりもした。セリフを覚えるのは、いつまでたっても苦手だったな。そのうちにウクレレのほうが忙しくなってきて、だんだん音楽中心の活動になっていった。

僕はいつも成り行き任せで、何を目指そうとかどっちに進もうとかはない。でも、一時期たくさんお芝居をやらせてもらったのは、楽しかったし、貴重な経験だったな。

「高木ブー伝説」をめぐる伝説

大槻ケンヂ君がリーダーの「筋肉少女帯」が『元祖高木ブー伝説』を出したのは、僕がお芝居によく出ていた頃だった。正式に発売されたのは１９８９（平成元）年12月だけど、「筋肉少女帯」がまだインディーズで活動していたその2年前ぐらいに、自主製作版の『高木ブー伝説』が出ている。

インディーズでやっている分にはともかく、彼らがメジャーデビューすることになって、ウチの事務所の社長があんまりいい顔しなかったんだよね。無断で僕の名前を使ってたわけだから、所属事務所の立場としては当然なんだけど。しかも、失恋してヤケクソになっている男の歌だもんね。

ただ僕としては、嫌な気持ちはぜんぜんなかった。あれだけ「高木ブー」って名前を連呼してくれる歌はないし、こう言ったら悪いけど、当時の「筋肉少女帯」はまだまだ無名のバンドだったしね。

だから、僕のほうで「(歌っても) いいんじゃないの」って独断で許可を出しちゃった。大槻君に直接言った記憶はないから、たぶん何かのときに関係者の人に言ったんだと思う。本人がそう言うならいいかと、ウチの事務所も了承してくれた。

当時はバンドブームで、若い人のバンドがたくさん出てきてた。やっぱり、応援してあげたいじゃない。自分たちも若い頃はいろんな人に応援してもらったおかげで、どうにかやってこれたわけだしね。

ネットなんかでは、僕が「若いヤツがバカやってがんばってるんだから許してあげようよ」と言ったという話になってる。だけど、そういうセリフを口にした覚えはないんだよね。でも、気持ちとしてはそんな感じだったかな。

メジャーレーベルから発売されたシングルCDは大ヒットして、テレビの歌番組を見ると、派手なメイクをした大槻君が「俺は高木ブーだ！」って絶叫していた。どんどん人気バンドになっていって、僕も嬉しかったな。彼はとっても義理堅くて、30年以上たった今でも、ライブなんかで声をかけると必ず出てくれる。お互いが現役だからできるわけで、そう考えると感慨深いよね。

ひょんなことからCDを出すことに

ウクレレをまたちゃんとやるようになったのは、1994（平成6）年に妻の喜代子さんが亡くなったことがきっかけだった。まだ50代の若さだったのに。人生でもっとも悲しくて、つらい出来事だった。

落ち込んだなんてもんじゃない。痩せはしなかったけど、食欲もなかった。当時は娘と二人暮らしだったけど、かおるにもかなり心配かけたと思う。そんなときに、学生時代のバンド仲間が声をかけてくれたんだよね。「ブーちゃん、寂しくしてるんだったら、またいっしょにハワイアンやろうよ」って。

60歳を超えても、そうやって声をかけて集まってくれる。僕はなんていい友達を持ったんだろう、なんて幸運なんだろうって心から思った。学生時代にやってたバンド「ハロナ・セレナーダス」のメンバーを中心に「高木ブーとニューハロナ」を結成して、小さな会場で少しずつ弾き始めたんだよね。みんなと弾いているあいだは、悲しい気持ちを忘れることができる。当時の僕は仲間と音楽に助けられた。

最初は「えっ、高木ブーって楽器できるの!?」って驚いている人も多かったな。『ドリフ大爆笑』の雷様のコーナーでは楽器を弾いたりもしてたけど、『8時だョ！全員集合』の何もしない高木ブーのイメージが強い人にとっては意外だよね。

あるとき、僕らのハワイアンのライブをたまたま聞きに来てくれてた人が、家に帰って旦那さんに「高木ブーがウクレレを弾いて歌ってたよ！」って話した。その旦那さんは本や音楽に関係が深い仕事をしていて、これもたまたまだけど、仲のいいレコード会社のディレクター氏が雑談で「ハワイアンの企画を考えてるんですよね」なんて言ったらしい。そしたら「そういえば高木ブーが」という話になった。

「それは面白い」と思ったディレクター氏が、僕の歌や演奏を聞いた上で「これなら大丈夫」と判断して、僕のところに「CDを出しませんか」と相談しに来てくれた。それが後ろのほうにも出てくれている、安達正観さんとの出会いだった。

座右の銘は「人生は運と実力とチャンス」

いろんなタイミングが合って、トントン拍子で話が進んで、１９９６（平成８）年の秋に最初のアルバム『Hawaiian Christmas』が出た。最初は「えっ、なんでハワイアンでクリスマスなの？」と思ったんだけど、意外性がよかったのかな、けっこう話題に

なった。ウクレレ奏者としての「高木ブー」の持ち味を生かしつつ多くの人に届けるために、関係者みんなで工夫してくれたんだよね。

その後、ソロでコンサートをやったり、ＮＨＫ教育テレビ（現・Ｅテレ）の『趣味悠々』でウクレレの講師をしたりすることになったのも、それがきっかけだった。人の縁に恵まれて、いろんな人に背中を押してもらった。

僕の座右の銘は「人生は運と実力とチャンス」。誰か昔の人が言った言葉じゃなくて、僕が勝手に思ってるだけだけどね。

運がないとチャンスはやってこない。チャンスが目の前にあっても、実力がないと逃げられてしまう。せっかくのチャンスを生かすには、実力だけじゃなくて運も必要だったりする。３つそろってないとダメなんだよね。

たくさんの幸運と、自分で言うのもヘンだけどウクレレに関してはそれなりに努力も続けてたから、ミュージシャンとして再スタートを切るチャンスを生かすことができたんだと思ってる。

僕はね、手相がいいんですよ。プロに言われたわけじゃなくて、自分の解釈だけど運命線がまっすぐ伸びてて、すごく長い。ただ、両手ともそうだったのに、いつの間にか片方は途中からなくなってた。気づいたときはガッカリしたな。よく考えたら、そっちの手の運命線はこれまでに使った分かもしれない。もう片方あるから、これからも大丈夫ってことだよね。

感慨深かった初めてのソロコンサート

15歳のときに柏の夏祭りで、生まれて初めてステージに立った。それからいったいどのぐらいのステージを経験したのかな。米軍キャンプ、ジャズ喫茶……、803回やった『全員集合』もステージだよね。

記憶に残っているステージはたくさんあるけど、しみじみ感動したのは、1998（平成10）年7月に新宿のルミネホールACT（現・ルミネtheよしもと）でやった初めてのソロコンサートかな。

満員に埋め尽くされた500人ぐらいのお客さんに向かって、

「いつもは真ん中に長さんがいて、隣りに加藤がいて、僕は向かって右の端で……。真ん中に立つまでずいぶん長い時間がかかりました」

そう言ったら、すごい拍手と歓声だった。みんなが真ん中に立つ僕を歓迎してくれているみたいで、嬉しかったな。あの瞬間に、ミュージシャンとしての高木ブーは新しいスタートを切らせてもらったのかもしれない。

ハワイで初めてステージに立ったときも、特別な思いがあった。もう20年以上前かな、ウクレレ奏者のロイ・サクマさんが以前から開催している「ウクレレフェスティバル」に出場させてもらった。ずっとウクレレをやってきたけど、まさか本場で演奏できる日が来るなんて思わなかった。

「Blue Note Hawaii」出演の時

そのあともコロナで行き来ができなくなるまでは、ほぼ毎年「ウクレレフェスティバル」に出たり、10年ぐらい前からはサザンオールスターズの関口和之君がプロデュースしている『ウクレレピクニック・イン・ハワイ』があったり、ハワイでたくさんのステージに上がっている。

２０１９（平成31）年2月には、ミュージシャンなら誰もが憧れる「Blue Note Hawaii」にも出してもらった。前年には加山雄三さんが81歳で出演したけど、僕は当時85歳で日本人アーティストとしては最高齢記録らしい。「まさかここのステージに立てるなんて、人生って面白いなあ」って思った。

初めてのハワイは『スター千一夜』の企画

ウクレレを人生の相棒にしている僕にとって、やっぱりハワイは特別な場所なんだよね。ハワイのステージに上がって、青い空の下でさわやかな風を受けながらウクレレを弾いていると、言葉では言い表せない幸せを感じる。自分はこの気持ちを味わうためにウクレレと出会ったのかもしれない、なんて思っちゃう。

憧れのハワイに初めて行ったのは、昭和40年代の半ばだった。『8時だョ！　全員

集合』が始まってすぐの頃に、フジテレビの『スター千一夜』という番組の企画で、ドリフのメンバーがそれぞれ家族を連れてハワイに全員集合したんだよね。娘のかおるは8歳で、僕も妻の喜代子さんも30代だった。このときに海岸で撮ったのが、旅先で親子3人で写っている唯一の写真（後半口絵参照）です。

娘は「ママも私も笑ってない」って不満そうだけど、僕はとっても気に入ってる。写真を見てると、3人で海岸を歩いて「日本と違うね」なんて話したこととか、初めてのハワイに感動した気持ちとか、いろいろ思い出す。それにこの写真のおかげで、今でもハワイに行くと喜代子さんもいっしょにいるみたいな気がするもんね。

同じときに、海岸で喜代子さんがかおるを撮った写真があるんだけど、よく見ると後ろのほうにドリフのメンバーが全員写っている。たまたまなのかメンバーといっしょに写そうと思ったのかはわからないけど、珍しいショットでなかなか面白い。

僕のアルバムには、ワイキキの海岸で撮ったメンバーの写真（前半口絵参照）もある。志村が入ってからだから昭和50年代だね。みんな若いなあ。志村もふさふさだし。

あっ、今思ったけど、みんなで長さんを水の中に放り込むのは、『ドリフ大爆笑』でやった「威勢のいい風呂屋」と同じだ。そのときのことがヒントになってあのコントが生まれたのかも……なんて考えると楽しいよね。実際はそうじゃないだろうけど。

「雷様」は僕のトレードマーク

街を歩いていると、時々「雷様！」って声をかけられる。

何年か前に群馬であった「山人音楽祭」っていう音楽フェスでも、僕がステージに上がるときに、若いミュージシャンがみんな色とりどりの雷様の格好をしてくれた。もちろん、僕も雷様になってね。

すごく盛り上がったんだけど、最後に若い雷様のひとりが大泣きしちゃった。子どもの頃から大好きだった雷様と共演できて、感極まったんだって。なにも泣くことはないんだけど、そんなふうに思ってくれるのは嬉しかった。

僕のトレードマークにもなっている雷様のキャラは、フジテレビでやってた『ドリフ大爆笑』のコントから生まれた。『8時だョ！　全員集合』でやっていたと勘違いしている人もいるけど､雷様のコントは1985（昭和60）年に『全員集合』が終わったあとに始まったんだよね。

正式なコーナー名は、いちおう「長介・工事・ブー　おなじみ雷様」なのかな。僕が緑の雷様で、長さんが黒の雷様、仲本が赤の雷様。黒と赤の雷様はさっさと雲の上に行っちゃって、僕ひとりになっちゃった。

当時、加藤と志村が別の番組を始めて、スケジュールの都合で二人とは別に、長さん、仲本、僕の3人で収録するコーナーを作ろうということになった。もちろん、仲が悪いとかそういうことじゃない。単純にスケジュールの問題。3人であのコントをやってみたら、予想以上にウケて恒例のシリーズになった。

セリフをたくさん言うイメージがなかった僕が、ボヤキ漫才みたいに、長さんに向かって「給料上げてくれよ」って文句言ったり「このバカ」って言ったりするのが、意外な感じで面白かったのかもしれない。やってる僕としても、雷様の格好をしているあいだはふだんは言えないことを言えて、すごく楽しかった。

基本的にドリフのコントは台本がきっちり決まっていて、ほとんどアドリブは入らない。でも雷様は、大まかな流れは決まっていたけど、わりとアドリブが主体だった。僕はアドリブがポンポン出てくるタイプじゃないんだけど、本音をしゃべっていいシチュエーションだからどうにかやれたのかな。

NHKでも雷様になってウクレレを教えた

長さんは『全員集合』が終わったあとも、僕たちひとりひとりをどう生かすかを考えてくれてた。雷様のコーナーも長さんの発案だった。あえて僕にしゃべらせようと思ったんだろうな。3人とも雷様の格好をしていたんだけど、今でも雷様といえば僕を思い出してもらえる。ありがたいよね。太ってるから雷様が似合うっていうのもあるかもしれないけど。

雷様のコントでは、楽器もたくさん弾かせてもらった。あれで初めて「高木ブーって楽器できるんだ」って思った人も多いかもしれない。

あの緑の雷様は、よく妻のノロケを言ってた。「嫁さんが俺に惚れててさ」なんて感じで。そういえば長さんが本番中に、妻の喜代子さんに電話をかけて、いきなり出演させちゃったこともあった。

「奥さんがこのコントに出てくださるって、ブーさんが言ってるんですけど」とか言ってね。電話口で「いえいえ、私には無理です」って必死で断ってる喜代子さんは、あえてノロケちゃうけど、とってもかわいかったな。

初CDが出た3年後の1999（平成11）年に、NHKの教育テレビ（現・Eテレ）で『趣味悠々　高木ブーの今すぐ始めるウクレレ』という番組をやったときも、雷様の格好で出てくれって言われた。他局の番組で生まれたキャラなのに、NHKってすごいなあって思ったね。そのときにあらためて、雷様というキャラが高木ブーにとっていかに大きな存在で大事な財産なのか、気づかせてもらえた。

これもNHKだけど、何年か前にさだまさしさんが夜中にやってる『今夜も生でさだまさし』に出たときも、雷様の格好でウクレレを弾いた。雷様になると不思議な力が湧いてきて、エンディングのときなんてステージでちょっと踊っちゃったもんね。いつもはグースカ寝てる時間なのに。身体の中に電気がみなぎるのかもしれない。

特番で23年ぶりに雷様のコントが復活

1998（平成10）年に『ドリフ大爆笑』が終わってから、僕が単独で雷様をやることはあっても、コントとしての雷様はしばらくお休みしていた。長さんもいなくなったしね。

23年ぶりに雷様の新作コントが復活したのは、2021（令和3）年9月に放送された『ドリフに大挑戦スペシャル』だった。最初は赤い雷様の仲本と緑の雷様の僕の二人が、雲の上に並んで座っている。

仲本が「ヒマだねえ。いかりやさんが死んじゃったらすることなくなっちゃったね」って言って、僕が「お前はいいよな。長さんにかわいがられてたから。俺なんて年じゅう、小言ばっかり」とぼやく。そこに、お笑いコンビの「カミナリ」の二人が、補欠の雷様の入社試験を受けに来るという流れ。名は体を表すっていうか、二人とも雷様の姿がサマになっていた。

コントの中で仲本と、ドリフの昔からの持ち歌の「こげよマイケル」を歌った。仲本がギターで、僕はウクレレを弾いて。この曲にしようって言ったのは仲本。あいつはそんなつもりはぜんぜんなかったらしいんだけど、ドリフが出したレコードでは荒井さんが歌ってた曲なんだよね。『全員集合』の合唱隊のコーナーでも、歌の中の「ハレルーヤ」のところを「ハゲルーヤ」に変えて歌ったりしてた。

きっと荒井さんが「おい、俺も混ぜろ」って思ったんじゃないかな。コントでも「カミナリ」の二人が「イカリーヤ」って長さんを呼び捨てで歌って、僕と仲本に怒られてた。黒い雷様の長さんはいなかったけど、いっしょにやってるみたいだった。

思い出深い日本武道館でも雷様をやった

その次に雷様のコントをやったのは、思い出深い日本武道館のステージだった。2021（令和3）年11月に、ドリフの3人と「ももいろクローバーZ」の4人、そして東京03の飯塚悟志君やお笑いコンビの「かが屋」の二人と、「『ドリフ&ももクロライブフェス』～コントもあるョ！　全員集合」をやった。

ドリフにとって日本武道館のステージは、ビートルズ来日公演の前座をやって以来55年ぶりだった。当日は加藤も仲本も、いつもより気合が入っているみたいだった。長い付き合いだから、3人で「懐かしいね」とか「嬉しいね」なんて言い合ったりはしないけど、リハーサルのときに加藤が会場を見渡して、ポツンと「ずいぶんきれい

提供／ニコニコ生放送「もリフのじかん」

になったなあ」って呟いた。そのひと言で、言いたいことが伝わってきた。

55年前はまだ駆け出しのグループだったドリフが、『全員集合』という怪物番組のおかげで人気者になって、終わってからもそれぞれの道でがんばってきた。そして「おじいさん」と言われる年齢になって、またいっしょに日本武道館のステージに立っている。「奇跡」という言葉を使っても、けっして大げさじゃないよね。

そのときに、紫の雷様になってくれたのは、「ももクロ」の高城れにちゃん。僕が「3人でやってたんだけど、1人どっか行っちゃった」とぼやいていたら、れにちゃんが「リーダーを探しているんですよね」と新メンバーに立候補してくれるという設定だった。「自分のグループでリーダー降ろされてるんですよ」という自虐ネタは面白かったな。セリフの間も完璧で動きも自然で、コントの才能を感じた。

れにちゃんの雷様のコスチュームは、最初はパンツルックだったんだけど、僕のリクエストでスカート風のシルエットにしてもらった。ブルー&紫のリボンを付けてたのも、僕のアイデア。よく似合ってたよね。

日本武道館の最高齢出演アーティストに

日本武道館ライブのきっかけになったのは、同じ年の7月からニコニコ生放送で始まった『もリフのじかんチャンネル　〜ももいろクローバーZ×ザ・ドリフターズ〜』という番組。東京03の飯塚悟志君がMCをやってくれている。

ネット配信の生放送は、見てる人のコメントが画面にジャンジャン流れてきたりして、出てる側と見てる側の関係がテレビとはぜんぜん違うのが面白い。

提供／ニコニコ生放送「もリフのじかん」

ドリフがやってきた番組の裏話やメンバーに対する本音なんかも、地上波だと多少は抑えちゃうんだけど、つい余計なことまで言っちゃう。毎回、新鮮な楽しさを味わっている。

その番組の中で、あるとき「このメンバーでライブをやろう。どうせなら日本武道館がいい」という話になったんだよね。「ももクロ」やまわりのみんなのおかげで、貴重な経験をさせてもらった。しかも、出演したアーティストの最高齢記録を僕が塗り替えたらしい。

これまでの記録は、加山雄三さんが２０１４（平成26）年に作った77歳だった。僕は88歳だったし、78歳だった加藤も80歳だった仲本も、当時の加山さんより年上だね。「出演したグループの平均年齢の最高記録」ということでもあるのかな。記録も光栄だけど、年齢を重ねても演奏やコントをやれていることが嬉しいよね。

ビートルズの前座でやった『Long Tall Sally』も、仲本のボーカル、加藤のドラム、僕のギターで55年ぶりに同じ場所で再演できた。あのときみたいにあわてなくてもよかったから、格段にやりやすかった。長さんや荒井さんも、見てくれてたかな。

真っ暗な中にペンライトやサイリウムの光が揺れてる光景も、すごくきれいだった。2階席の奥のほうでも光が揺れてて、「あれも誰かが振ってくれてるんだな」と思いながら手を振ってた。『全員集合』のときは、観客席に座っている人の顔がわりとはっきり見えたのを覚えてる。

日本武道館ライブの翌日は、加藤に電話して「昨日はお疲れ様。ありがとう」って伝えた。そんなのしたことないんだけど、なんかかけたくなってさ。加藤も「楽しかったね。またやろうよ」って言ってた。あのときは、また3人で何度でも日本武道館のステージに立てると思ってたんだけどね。

『ドリフに大挑戦』でコントの魅力を伝えたい

『ドリフに大挑戦スペシャル』は、2021（令和3）年9月、2022（令和4）年5月、2023（令和5）年1月の3回放送された。今人気があるお笑いの人たちが、ドリフの往年のコントに「大挑戦」してくれる。昔ドリフがやった懐かしい映像を流したり、僕たちメンバーも新しいコントに挑戦したり、なかなか盛りだくさんの内容なんだよね。

地上波のゴールデンタイムの放送だと、リアルタイムで見ていない若い世代の人たちにも、ドリフのコントを見てもらえるのが嬉しい。実際、子どもたちが大喜びして見ていたという声がたくさんあったみたい。

1回目のときに新作でやったのは、「お父さんの定年退職」というコント。加藤がお父さん役で、仲本はお母さん役だった。お笑いコンビの「カミナリ」の二人と、幼稚園児のスモックを着たブー子役の僕が子どもたち。ブー子になったのは何年ぶりかな。高校生の孫のコタロウは、ブー子になった僕を初めて見てビックリしてた。

ひと通りメイクが終わって、メイクさんに「これでどうでしょう」と聞かれたときに、「もうちょっと頬の赤いチークが濃いほうがいいかな」って頼んだ。そのほうがブー子らしいと思って。メイクに関して注文つけたのは、もしかしたら長い芸能生活の中で初めてかもしれない。

コントではセリフはほとんどなくて、みんなが話しているあいだもご飯を食べ続けている。食卓の上には焼き鮭とかゆで卵とか、おいしそうなおかずが並んでた。だけど、茶碗に山盛りのご飯をパクパク食べているほうが絵になるから、せっかくのおかずをほとんど食べられなかった。あれは心残りだったな。

コントの最後では、大きなケーキの上に顔から突っ込んだ。当時88歳だったけど、ケーキに突っ込んだのはもしかしたら世界最高齢記録なんじゃないかな。ひとつ秘密をバラすと、あのクリームはぜんぜんおいしくないんだよね。砂糖が多いと突っ込んだときに顔に当たる衝撃が強くなって痛い。テレビのバラエティ番組の美術さんたちに伝えられてるノウハウらしい。

コントの裏方さんには膨大なノウハウがある

2回目でやった新作は、社長令嬢のコント。加藤が社長で、若手社員の劇団ひとり君に「よかったらうちの娘に会ってくれないか」と言って、自宅に招待する。結婚させようとしてるわけだね。お茶を運んでくる奥さん役は仲本だった。

劇団ひとり君が来てみたら、広い庭がある大邸宅で、山のようにごちそうが用意されている。加藤が「おーい」と呼びかけてふすまが開くと、ピンクのドレスを身にまとって椅子に座っている僕が登場という流れ。満面の笑みで、手にはフライドチキンと肉まんを持っている。

清楚なお嬢様をイメージしていた若手社員は、まあビックリだよね。花婿候補の社員を指差して、僕はニコニコしながら「タイプ〜」って叫ぶ。若手社員はたちまちすごい形相になって、パニック状態で部屋を飛び出し、庭の灯篭をなぎ倒してレンガ塀も突き破って逃げていった。劇団ひとり君、いいおびえっぷりだったな。最後に加藤

2回目の『ドリフに大挑戦』に続いて、ダチョウ倶楽部の肥後克広君が長さんの役をやってくれたし、ドリフとは長い付き合いのすわ親治君も出てくれた。『飛べ！孫悟空』の馬の鳴き声、懐かしかったな。昭和の時代に3人で始まった雷様が、令和には「雷様ファミリー」に進化しても面白いよね。

肥後君が長さんの口真似をして「ドリフもどんどん減ってるんだから、メンバーを増やしてドリフ48みたいにしよう」とギャグで言ってた。雷様もファミリーどころか、どんどん増えて「雷様48」みたいになるといいな。ギャグじゃなくてけっこう本気でそう願ってる。

僕は長さんが考えたあの設定とキャラクターが大好きだから、いろんな人にやってもらって、長く残っていってほしい。雷様の格好をすれば本音を口にしても許されるから、評論家の人が雷様になって並んで語りながら、世相を斬ったり何かの批評をしたりしても面白いかもね。ただ悪口を言い合うのは、ちょっと違うけど。

長さんと仲本は空の上からの参加だけど、そっちからゆっくり見守っていてください。雷様はもともと空の上にいるんだから、きっと居心地いいんじゃないかな。

「笑いの文化遺産」を残していきたい

『全員集合』にせよ『大爆笑』にせよ、きちんとセットを組んで、練り上げた内容で笑ってもらうっていう形は、ドリフが育ててきたと思ってる。最近はそういうコントが少なくなっちゃったけど、絶対になくしてほしくない。

もちろん、昔のままで残してくれって話じゃなくて、時代に合わせてどんどん変えていけばいい。博物館に飾るわけじゃないんだから、変化した「いちばん面白い形」をまた若い人に見てもらうっていうのが、本当の意味で「伝統を残して次の世代に伝える」ということじゃないかな。

若い人がドリフのコントをやってくれる『ドリフに大挑戦』が果たす役割は、そういう意味ではすごく大きい。見る側にも出る側にも「きっちり作ったコントって、やっぱり面白いな」と感じてもらえる。そして、大道具さんや美術さんといった作る側にもノウハウが蓄積されていく。脚本や演出だって、コントならではのノウハウがきっとあるよね。

劇団ひとり君も「こんなちゃんとしたセットを組んでコントをしたのは初めてです」って言ってた。第一線で活躍している人たちばかりだから、ドリフの真似っぽいことをしているわけじゃなくて、それぞれが自分の個性を発揮してくれているのがすごくいいよね。

3回目のときは「忠臣蔵」のコントが出てきたんだけど、ドリフのメンバーがやった昔の映像と、カンニング竹山君たちがやった今の映像が入り混じって、そのふたつを神田伯山さんの口上でつないでいくという演出だった。こういうコントの見せ方もあるんだなって感心したし、何より面白かった。

これからもドリフのコントをネタにして、どんどん意表を突きながら思いっ切り遊んでもらえたらいいな。

知り合いが教えてくれたんだけど、『ドリフに大挑戦』を見た人がネットに「ドリフターズのコントは笑いの文化遺産だ」と書いてくれていたらしい。何よりのホメ言葉だよね。長さん荒井さんや志村や仲本もきっと喜んでるよ。

「1933ウクレレオールスターズ」

ドリフの一員としてコントをがんばると同時に、ここ数年はサザンオールスターズの関口和之君たちと結成した「1933ウクレレオールスターズ」の活動に力を入れている。

20年以上前から、関口君と「ウクレレでオーケストラみたいなバンドが作れるといいね」という話をしていたんだけど、ようやくいろんなタイミングが合って、2018（平成30）年に形になった。「1933」は、僕の生まれた年にちなんでる。長年お世話になってるウクレレへの恩返しができればと思ってる。

メンバーは関口君（キャプテン）のほか、野村義男君（ウクレレ王子）、はたけやま裕さん（カホン家元）、分山貴美子さん（口笛女王）、YANAGIMAN（バンマス）。そして2021（令和3）年から加入した荻野目洋子さん（歌姫）。あ、それぞれのカッコの中はバンド内での称号というか愛称というか。ちなみに僕は（象徴）。

よくわからないけど、けっこう気に入ってる。関口君と荻野目ちゃんは、後ろのページにも出てくれてるのかな。

このメンバーで最初に人前で演奏したのは、２０２１（令和３）年９月にオンラインで開催された『ウクレレピクニック・イン・ハワイ』かな。ただ、このときはみんな別々の場所からの配信だった。オンラインだからこそ、距離の壁を越えて世界中からいろんな人が参加できたのはよかったんだけどね。

人前でそろって演奏したのは、そ

の年の12月に表参道でやったクリスマスライブだった。リアルでライブをやるとなると、当然リハーサルがある。和気あいあいとした雰囲気なんだけど、ほら、みんなウクレレや音楽のプロの集まりじゃない。たくさん刺激をもらえたのを覚えている。

お客さんの心に響いていた『パパの手』

年が明けて2022(令和4)年には、3月に横浜で『1933ウクレレオールスターズ　ウクレレ七福神の来港!〜ヨコハマに春がやって来た』があって、8月にもやっぱり横浜で「1933ウクレレオールスターズ　スペシャルライブ『盆ボヤージュ!　YOKOHAMA』」があった。

自分のバンドでライブをするときと、「1933ウクレレオールスターズ」の一員としてステージに立つときとでは、なんていうか緊張感がちょっと違う。ウクレレオールスターズは、みんなまさにスターじゃない。名前を広く知られていたり、その世界では高く評価されてたりする。

その中で、自分に与えられた役割を果たさないと、というプレッシャーがある。自分のバンドのときは、僕が弾きたい曲を好きなようにやってるから気楽なんだけどね。そういう意味では無事にできてホッとしたし、いつもと違う楽しさを味わえた。

歌ってて「お客さんの心に響いてるな」と強く感じたのは、関口君が僕と娘のかおるをイメージして作ってくれた『パパの手』かな。ステージにいても、お客さんの感情って伝わってくる。

子どもが生まれたばかりの頃は親子で手をつなぐけど、だんだんそういうことも減っていく。でも、歌詞の後半には「いつかパパの手を引いておくれよ」って一節がある。長い親子関係がストーリー仕立てになっているんだよね。自分のことを元に作ってくれたと思うとテレ臭いけど、詩も曲もすごく染みるいい歌です。

この歌は、関口君が２０２２（令和４）年8月にリリースしたアルバム『FREE-UKES』にも入っている。僕だけじゃなくて「１９３３ウクレレオールスターズ」のメンバーが、歌や演奏で参加した。

『パパの手』のミュージック・ビデオでは、娘のかおるが幼い頃の写真や僕が8ミリで撮った映像、それと一般募集して送ってもらった親子写真がたくさん入っている。ライブのときに会場でも流れたし、ＹｏｕＴｕｂｅでも公開されている。

高木家の押し入れの段ボール箱の中には、昔撮った8ミリのフィルムがたくさんあったんだけど、見る方法がなくなっていた。半分あきらめていたんだけど、ミュージック・ビデオを作るにあたってＤＶＤに焼いてくれて、また見られるようになった。その中では若い僕も幼いかおるも、そして元気だった喜代子さんも動いている。見始めると、延々と見ちゃうんだよね。

3年ぶりにハワイの空の下で歌った

２０２３（令和５）年2月には、「１９３３ウクレレオールスターズ」のメンバーといっしょに、久しぶりにハワイに行った。ここ2回はコロナでオンラインだった『ウクレレピクニック・イン・ハワイ』が、3年ぶりに開催になったんだよね。

ハワイ最大のショッピングモール「アラモアナセンター」のセンターステージに立っ

て、ビッシリのお客さんが僕たちの演奏を楽しんでくれている様子を見たときには、「ああ、やっと日常が戻ってきたんだな」と感動した。ご無沙汰していた世界のミュージシャンと再会して、「お互いに元気でよかったね」と言い合えたのも楽しかったな。

音楽は「不要不急」なんかじゃない。ご飯を食べないとお腹が空っぽになるのと同じで、音楽がないと心が空っぽになっちゃう。コロナで音楽活動が制限されて、あらためてそのことに気づいた人が多かったんじゃないかな。

僕の目標は、１００歳まで現役のミュージシャンでいること。加藤も少し前にテレビで、１００歳まで現役のコメディアンでいたいと言ってた。だったら僕もがんばらないわけにはいかない。僕のほうが10歳年上だから、コントもウクレレも１１０歳まで現役でいなきゃ。

突拍子もない目標に思えるかもしれないけど、今までたくさんの「奇跡」を経験してきたから、そのぐらいの「奇跡」が起きても不思議じゃない気がするんだよね。

5章

僕のアロハな毎日は家族のおかげ

僕は今、娘のかおる夫婦と、この春に大学生になった孫のコタロウと4人で暮らしている。娘のかおるがマネージャーをやってくれていて、日々の生活だけじゃなくて仕事に関しても面倒を見てくれている。90歳になってもライブやテレビの仕事ができているのは、家族の支えがあるおかげです。

娘の旦那さんもよくできた人で、結婚後に僕といっしょに住むことを快くOKしてくれた。孫も抱かせてもらえて、娘夫婦にはどんなに感謝しても感謝しきれない。孫ってこんなにかわいいのかと、実際に孫を持って初めてわかった。

コタロウはカメラに夢中で、写真の勉強をしている。この本でも協力してもらったけど、ライブやフェスのときには〝オフィシャルカメラマン〟をやってくれたりもするんだよね。なかなかの腕前じゃないかな。

家族はそれぞれ忙しくて、夜はなかなかいっしょに食べられない。何年か前に「朝ご飯はそろって食べよう」って決めたことがあったんだけど、長くは続かなかった。原因は僕なんだけどね。夜中に目が覚めると、衛星放送で大好きな時代劇を見たりウクレレを弾いたりしてしまう。そのうちにまた寝て、お昼ぐらいにやっと目が覚める。

もともと朝が遅い生活が長かったから、こればっかりは仕方ない。

家族の協力と理解があるおかげで、仕事がある日以外はそんなふうにノンキに暮らしている。でも、ストレスをためない毎日を過ごせているから、コントやライブでがんばることができるんだと思ってる。

気がついたんだけど、ウチは4人家族でウクレレの弦も4本なんだよね。高木家の違う太さの4本の弦は、まあまあいい音色で鳴ってるんじゃないかな

88歳で出版した「高木ブー画集」

米寿を迎えた88歳のときに、長年の夢がまたひとつかなった。2021（令和3）年6月に、30年ぐらいかけて描きためたドリフの仲間たちの絵を集めた『高木ブー画集　ドリフターズとともに』（ワニ・プラス）が出版された。楽しみながらちょこちょこ描き続けていたんだけど、まさか画集を出せるとは思わなかったな。

画集を作るときにも、コタロウに僕の写真を撮ってもらったり、娘に昔の絵を探し

出して整理してもらったり、娘の旦那さんにセリフやト書きの写植を作ってもらったり、家族みんなに助けてもらった。「チーム高木家」で作った一冊です。

　拙い絵だけど、懐かしいコントの場面や僕の妄想の中で遊んでいるメンバーの姿が詰まっている。絵の中では、みんな元気に生きてる。「家族そろってテレビの前で、ドリフのコントで大笑いしていた頃を思い出しました。大切な時間を思い出させてくださってありがとうございます」なんて感想をたくさんもらえたのは嬉しかった。描いてよかったと思ったな。

　たくさん描いているうちに「絵でドリフターズを残していくのは、自分の役割かもしれない」

撮影／コタロウ

と感じ始めた。ヘンな話、メンバーの僕だから伸び伸びと描けるっていうところはあるのかな。それぞれのキャラを誰よりもわかってるし、ふざけたことをさせてもほかの人が描いたら意味が違ってくる。

ドリフってこういうグループだったんだよってことを絵で伝えられて、こんな光栄なことはない。自分で勝手に思っているだけかもしれないけど、ドリフに少しだけ恩返しができたかなという気持ちもあるんだよね。

頭の上にワッカをつけるかどうか悩んでいる

本が出たときに、いろんな人から「いつの間に絵の勉強をしていたんですか」と言ってもらったけど、誰か先生について習ったわけじゃない。絵をよく見てもらえばわかるように、まったくの自己流です。

近所の文房具屋さんで買ったマービーの１００色入りのサインペンを使って、色紙に描いてる。もう20年以上前だけど、仕事の関係者や親しい人にプレゼントするオリジナルのカレンダーを10年ぐらい作っていた時期があった。毎年毎年、季節に合わせた絵を描いているうちにたまっちゃった。

根がズボラだから、色紙の裏に描いた日付をメモしたりしてない。でも、絵を見るといつ頃描いたのかだいたいわかる。絵柄の違いもあるけど、大きな手掛かりになってくれるのが、志村の髪形。後ろで縛ってるからわりと昔かな、とか。

長さんの頭にワッカがついてる絵も、けっこう多い。でも、長さんが亡くなった2004（平成16）年以降に描いたとは限らない。本になることが決まってからほとんどの絵に手を加えたんだけど、そのときにワッカを付け足したのもある。だけど本を作っていた頃には、まだ志村の頭の上にワッカを描き加える気にはならなかった。いなくなった実感が湧いてなかったんだよね。

おかげさまでこの画集が大好評で、2023（令和5）年3月には、2冊目の画集『高木ブー画集RETURNS ドリフターズよ永遠に』（ワニ・プラス）を出すことができた。家族に励まされながら描いた新作の絵も、たくさん載せてある。1冊目も2冊目も、ドリフターズのことを思い出してもらうきっかけになれたら嬉しいな。

志村の銅像の除幕式でお兄さんに画集を渡した

画集が出た直後に、東村山で志村の銅像の除幕式があった。前の年の3月にいきなりいなくなって、コロナ禍でお別れの会もできていなかった。気持ちの区切りがついていなかったから、除幕式にはどうしても行きたかったんだよね。

志村のお兄さんの知之さんも喜んでくれたし、行けてよかった。銅像ができたことで、志村けんも「ザ・ドリフターズ」も永久に名前が残る。銅像って、5000年ぐらいの耐久性があるらしいしね。やっぱり志村たいしたもんだよ。

「3、2、1、アイーン」の掛け声で布

が取り払われて、羽織はかまを着た志村が姿を現した。銅像の顔を見て、すごくいいなと思った。表情の雰囲気も髪の毛の量も、若い頃じゃなくて最近の志村をモデルにしている。記憶に新しいし、しかも凛々しい。じっと見てたら、「高木さん、まだまだ元気でやってくださいよ」なんて話しかけられてる気になっちゃった。

もうひとつ、除幕式に行けてよかったのは、その当時、出来上がったばかりだった画集を志村のお兄さんに渡せたこと。ドリフのメンバーを描いた絵を集めた本だから、メンバーにはいちばん先に見てほしかった。

加藤や仲本にはその前に渡してあって、長さんの仏壇にもお供えしてもらった。志村も見てくれたかな。「高木さん、こんな顔に描くなんてひどいよ」って怒ってるかもしれない。

そうそう、表紙は志村が『東村山音頭』を歌っているイラストで、「東村山　イッチョメ、イッチョメ」というセリフが入っている。東村山の市長さんにも本を渡したんだけど、それを見て大喜びしてくれた。東村山全体が志村のことを誇りに思って、志村がいなくなったことを惜しんでいる気持ちが伝わってきたな。

ウクレレの音色でハワイを感じてほしい

家族の話の流れで、僕にとっては大切な家族であるウクレレについても、ちょっとお話しさせてください。ウクレレの原型はポルトガルの「ブラギーニャ」っていう民族楽器だって話は、もうしたんだっけ。ハワイを代表する楽器なのにハワイ生まれじゃないのは、ちょっと意外だよね。

19世紀後半にポルトガルからの移民がハワイに持ち込んで、同じ船でやってきた家具職人がハワイで馴染みが深い木材の「コア」で似た楽器を作った。「ウクレレ」っていう言葉は、ハワイ語で「飛び跳ねるノミ」という意味らしい。弾いてるときの指の動きが、そんなふうに見えるからかな。

それから、あっという間にハワイを代表する楽器になった。ハワイの王様がウクレレを気に入って、宮廷の晩餐会で演奏させたおかげで広まったって話もあるけど、そもそもウクレレのやさしい音色がハワイの空気や文化と相性がよかったんだろうね。

ウクレレを弾くときは、ハワイに行ったことがある人はもちろんだけど、行ったことがない人も、ハワイの空と海をイメージして弾くのがオススメです。やっぱり音色が変わるから。楽器の演奏って、音を出しているだけじゃない。その楽器が持っている〝魂〟に触れることでもある。

聞くときもそうだよね。聞く人が頭の中にハワイをイメージして、晴れやかな気持ちで顔を上げてもらえるといいな。ウクレレには、そういう力があると思う。

ウクレレは「心臓にいちばん近い楽器」とも言われている。ハワイ語の「アロハ」には、相手に真心を伝えるっていう意味合いもあるんだよね。心臓の近くで弾くから、音にのせて「アロハ」って呼びかけている気になれるし、聞くほうも「アロハ」って呼びかけられている気になれる。

まあ、このへんは僕の勝手な解釈だけどね。でも、いつもウクレレを弾くときは、ハワイのやさしくてあったかい「アロハ」の精神を音にのせているつもりです。みなさんもウクレレの演奏を聴くときは、そっと目を閉じて、ハワイから吹いてくるあったかい風を受け止めてみてください。

ハワイ語の「アロハ」に含まれる深い意味

僕は音楽をきっかけにハワイと深いつながりができた。音楽はもちろん、ハワイの文化も奥が深くて面白い。ハワイ語でいちばんおなじみの言葉といえば、さっきもちょっと出てきた「アロハ」だよね。「こんにちは」とか「さようなら」とか、気軽な挨拶で使われてる。

もともと「aloha（alo＋ha）」には「正面に向き合って息をする」っていう意味があるんだって。それだけじゃなくて、5つのアルファベットそれぞれが「A＝akahai（寛大）」「L＝lokahi（調和）」っていう感じで、素敵な意味を持つ言葉の頭文字らしい。あとの3つは、Oが喜び、Hが謙遜、もうひとつのAが忍耐だったかな。

「アロハ」には「愛してる」っていう意味もあるんだけど、そういう深い意味を持った言葉だから、とっても心のこもった「愛してる」なんだよね。真剣な愛の言葉と、日常的な「こんにちは」「さようなら」が同じ言葉だって知ったときは、なんだか感動した。ハワイの人たちは、人と人とのつながりをそれだけ大切にしているってことなんだろうな。

「ありがとう」っていう意味の「マハロ（mahalo）」も、気軽に使われてる言葉なんだけど、それだけじゃなくて「あなたが私の魂の中にありますように」という意味もある。あなたへの感謝をずっと忘れないとか、あなたがしてくれたことが私の魂を成長させてくれましたとか、そういうニュアンスなのかな。とっても心がこもっている感じがして、なんかいいよね。

ハワイアンネームは「ホワコクワ」

「アロハ」の気持ちは、言葉だけじゃなくて、ポーズでも伝えられる。僕は写真を撮ってもらうときは、いつも親指と小指を伸ばしてほかの3本を丸めた「アロハポーズ」を作る。これはハワイ発祥のポーズで、ピースサインみたいなもんかな。

ポーズを作るのは右手でも左手でもいいんだけど、手の甲を見せるか手のひらの側を見せるかで、意味が違ってくる。手の甲を見せるポーズは「シャカ」という名前で、「元気？」とか「がんばろう！」っていう意味。手のひらの側を見せるのは「ハングルース」という名前で、「こんにちは」とか「ありがとう」とか「またね」っていう意味になる。みなさんも、ぜひやってみてください。

僕には「ホワコクワ」っていうハワイアンネームがある。もう20年ぐらい前になるかな、カメハメハ大王の直系の子孫にあたる人間国宝の方が、ハワイ文化の普及に貢献したってことで、光栄なことに授けてくださった。ずっとウクレレをやってきて、それはもちろん自分が好きでやってきたんだけど、本場のハワイの偉い人に功績を認めてもらえたっていうのは、ものすごく嬉しかったな。

「ホワコクワ」っていうのは「友達を支え助けになる。精霊を分け与える」っていう意味らしい。「ザ・ドリフターズ」の「第5の男」として、そういう役割を少しは果たして来られたのかな。これからもたくさんの人に、音楽を通して支えや助けになれたり、元気を感じてもらえたりするといいなと思っている。

いちばんの宝物は写真のアルバム

「ブーさんの宝物は何ですか？」と聞かれたら、僕は迷わず「写真のアルバム」って答える。もちろん、家族は別だよ。ヒマがあると写真の整理をしてるもんだから、娘や孫に「またやってる」ってからかわれちゃう。

小さい頃から、撮ってもらうのは大好きだった。親父が新しもの好きで、当時はまだ珍しかったカメラが家にあったんだよね。僕が幼い頃の写真もたくさんあったんだけど、残念ながら空襲でほとんど焼けちゃった。家が焼けたのはもちろん悲しかったけど、それまでの写真が焼けたのも同じぐらい悲しかったな。

ウクレレを始めたばかりの中学生、高校生の頃の写真を見ると、当時の純粋な気持ちを思い出す。「もっと上手にウクレレが弾けるようになりたい」ってことしか考えてなかった。いや、ちょっとは女の子のことも考えてたけど、そういうヨコシマな思い出も混じってよみがえってくるのが、またいいんだよね。

プロのミュージシャンになってからの写真も、全部アルバムに整理して保存してある。沖縄やフィリピンの米軍キャンプに行ったときの写真、いろんなバンドを組んだときの写真、ドリフに入ったばっかりの頃の写真……。ドリフに入るちょっと前に娘のかおるが生まれたから、その頃からは家族の写真が増えてくる。

家族を撮ったり家族と撮ったりした写真は、やっぱり思い入れが深い。かおるにせよコタロウにせよ、そこにはその年齢のときにしか撮れない顔が写っている。早くいなくなってしまったママも、写真の中では元気に笑ってる。写真って不思議だなと思う。そのときの会話まで記録されてて、見てると頭の中で再生されるもんね。

番組に出演中に8ミリを回していたことも

かおるが小さい頃は、8ミリにも凝ってた。せっせと撮っててフィルムがずいぶんたまっていたんだけど、映写機がなくてずっと見られなかった。前の章に書いたように、去年『パパの手』のミュージックビデオを作るときに、見られる状態にしてもらえたんだよね。

　8ミリでよく覚えてるのが、かおるが4歳ぐらいのとき、日本テレビの『あなた出番です！』っていう番組に出て、その様子をスタジオで撮影したこと。家族大会だったのかな。司会は伊東ゆかりさんと「ザ・ドリフターズ」。

　まずかおるが登場して、伊東さんが「誰の娘さんでしょう?」って言うと、僕が風船を持って出てくる。僕が出演する場面では、ママに交代して撮ってもらった。出演中にそんなことしてるなんて、のどかな時代だよね。

『全員集合』のときは、かおるに「お父さん、天地真理さんにお願いして写真を撮らせてもらって」なんて、共演者の写真をたまに頼まれた。キャンディーズにもお願いしたかな。ふだんはすれ違いで、ぜんぜん父親らしいことをしてあげられなかったか

ら、頼みごとをしてくれるとちょっと嬉しかったな。甘い父親だよね。

家族で旅行に行ったときの写真も、たくさんある。どの写真も、たくさんの楽しい思い出をよみがえらせてくれる。かおるが幼い頃はドリフターズが忙しくなってきた時期で、ふだんはすれ違いの生活で寝顔しか見ていなかった。旅行先の写真がたくさんあるのは、親子でいっしょに過ごせる貴重な機会でもあったからなんだよね。

かおると二人で行った長崎旅行

かおるが小さい頃は、「自分は父親の役目を果たせてるのかな」なんて思うこともあった。仕事仕事の毎日だったから、運動会にも授業参観にも行ったことがない。仕事は一生懸命にやってきたし、ママもテレビを見ながら「ほら、パパよ。がんばってるわね」なんて僕を立てていてくれてたから、会える時間は短くても気持ちは通じていたと思うんだけどね。あらためて聞いたことはないけど。

かおるが中学三年生のときに、二人で長崎を旅行したことがあった。当時、さだまさしさんのファンだったらしくて、彼の生まれ故郷で歌にもよく出てくる長崎に行きたいって言い出した。

「じゃあ、行こうか」って話になって、まだ『全員集合』もあって忙しい時期だったけど、スケジュールをどうにか調整した。どうしてママは行かなかったんだろう。忘れちゃった。僕も父と娘の初めての二人旅をしてみたかったのかな。

旅行に行くのは嬉しかったけど、切符の手配をしたりプランを立てたり、準備がとにかくたいへんだった。仕事だったら誰かがやってくれるし、今はかおるが全部やってくれるけど、そのときは僕がやるしかないからね。

オランダ坂に行ったら「さださんの歌の『絵はがき坂』だ！」って、かおるがやたら感激してた。島原鉄道に乗って寝ているお釈迦様の像を拝みに行って、その前で写真を撮ったのも覚えてる。あれは今でも、いい思い出だな。

ただ、さんざん「僕はアルバムの整理が好き」と言っておきながら、長崎旅行のときの写真がどうしても見つからない。そういうツメが甘いところも、なんか僕らしいよね。どこかにあるはずなんだけどな。

人生でいちばん悲しかったこと

僕の人生でいちばん悲しかったのは、妻の喜代子さんが58歳でいなくなってしまったことだ。1994（平成6）年3月25日のことだった。

頭痛や吐き気がするということで、病院で検査してもらった。ところが、どこの病院に行っても「更年期障害でしょう」と言われた。あるとき、食事中に箸でつまんだおかずを落とした。これはおかしいと詳しい検査をしてもらったところ、悪性の脳腫瘍だとわかった。

医師から「あと5年」と宣告された。ショックなんてもんじゃない。大声で叫びながら走り出したい気持ちだった。でも、運命を受け入れるしかない。これから5年間、今までの罪滅ぼしで妻にできるだけのことをしてあげようと決心した。

ところが、妻は3度の手術を重ねて、最後は話すこともできなくなって、たった1

年8か月で旅立ってしまった。話が違うじゃないか。あのときほど、腹が立ったことはない。これからもないだろう。

「どういうことだよ。あと5年って言ったじゃないか！」

担当の医師を怒鳴りつけた。「そんなバカなことがあるか」となじった。医師のせいじゃないことは頭ではわかっていても、そうしないではいられなかった。

妻のために建てた新居も、工事中の外観を車の中からチラッと見ただけだった。完成したときには、もうベッドから起きられる状態じゃなかった。一度も足を踏み入れることなく、永遠の別れが来てしまった。32年の結婚生活だった。ようやく時間ができて、これから二人でゆっくり過ごせると思ったのに。あの時は、神様はなんて残酷なことをするんだと心から恨んだ。

妻の喜代子さんは今も家に現れてくれる

こんなことを言うと「大丈夫？」と心配されるかもしれないけど、妻は今も時々、家の中に現れてくれる。目には見えないけど、気配を感じるんだよね。かおると「今日、ママいたね」と言い合うこともある。近頃は実際には会ったことがないコタロウまで、「おばあちゃん、いたよね」なんて言い出した。

僕が3歳年下の福本喜代子さんと結婚したのは、1962（昭和37）年2月1日。ダンスパーティで知り合って、5年ぐらいお付き合いしていた。

デートはいつも彼女の家で、行くとお寿司を取ってくれたんだよね。ほとんど毎回、おばあちゃんが三味線を弾いて、妹さんが日本舞踊を踊ってくれた。とにかく、すごく手厚くもてなしてくれた。

じつはその頃、喜代子さんのほかにも二人のガールフレンドがいた。もちろん、プラトニックですよ。僕はそこまで器用じゃない。百貨店に勤めていた人と喫茶店に勤めて

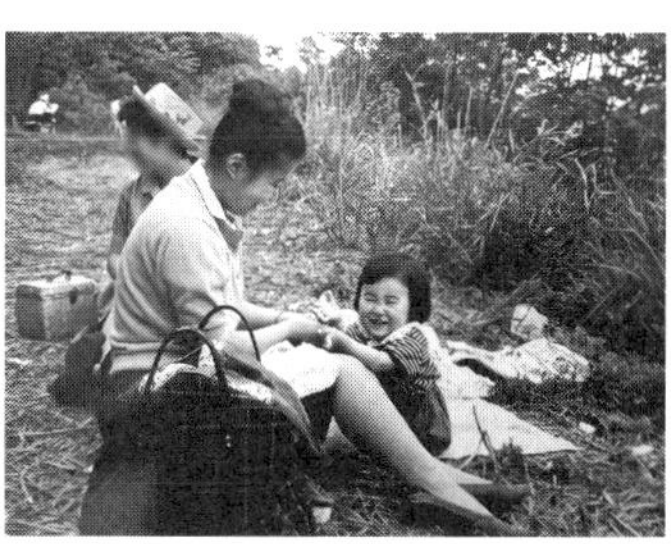

いた人で、ちょうどって言うとヘンだけど、休みの曜日が違った。

だけど、僕が煮え切らないもんだから、二人には次々と振られちゃった。ひとり残ったから喜代子さんと結婚したわけじゃない。もちろん、お寿司に釣られたわけでもない。今思うと、心の中で「結婚するならこの人しかいない」って決めてたんだろうと思う。

彼女はすごくしっかりしていて、決断力もあった。優柔不断な僕にとっては、ありがたい存在だった。長さんにドリフに誘われて悩んでいるときも、「新しいことに挑戦してみたら」って背中を押してくれた。自分だけだったら尻込みして、一生に一度の大チャンスを逃していただろう。喜代子さんが奥さんでよかった。

両親もおじいちゃんも結婚に大反対だった

だいたい僕と結婚してくれたこと自体、決断力というか思いっ切りがよくないとできないよね。当時のミュージシャンなんて、今以上にどっかの馬の骨でしかない。格子戸を潜り抜けて入っていくような由緒正しい家だったから、ご両親も明治生まれのおじいちゃんも、結婚には大反対だった。お客としてもてなしてはくれても、結婚となると話が別だからね。

結婚式当日の朝も、お母さんに「今からでも遅くないわよ」って止められたって、あとから聞いた。だけど彼女はその言葉を振り切った。おばあちゃんも「あの彼なら大丈夫」って味方してくれたらしい。喜代子さんが僕のどこを気に入ったのか、あらためて聞いたことはなかったけど、そこまで決断させておいて不幸な目に遭わせるわけにはいかない。

結婚当初はアパート住まいで、3年目からは妻の実家の庭にある小さな家に、家賃を払って住まわせてもらっていた。結婚に反対してた両親が隣りの家にいるわけで、最初は肩身が狭かったな。テレビにはちょくちょく出ていたけどまだまだ海のものとも山のものともつかない。やがて、『全員集合』が人気番組になって「高木ブー」の顔と名前が多くの人に知られるようになった。僕もだけど、妻もずいぶん気が楽になったと思う。

『全員集合』をやっていた頃は、忙し過ぎて家のことも娘の子育ても、全部任せっ切りだった。しっかりやり遂げて、かおるをちゃんと育て上げてくれたのは、彼女だったからだと思う。

いつだったかポロッと言ってたけど、あの番組は生放送だったから、テレビを見ながらケガや失敗がありませんようにって気が気じゃなかったらしい。無事に番組が終わると、たとえばその日の会場が川越なら「1時間ぐらいで帰ってくるわね」と言って、かおるとご飯の支度を始めたとも言ってた。

空の上で再会したら聞きたいことがある

1985（昭和60）年に『全員集合』が終わって、ようやく二人で出かける時間ができた。いちばんの思い出は、1990（平成2）年1月に、一泊二日で「クイーンエリザベス2世号」に乗ったこと。おいしい料理を食べて豪華なショーを楽しんで、彼女も喜んでくれた。そのときの記念写真の裏には、彼女の自筆で「夢のようです」

というメモ書きがある。

脳腫瘍が見つかったのは、その2年後だった。何度も手術して、最初の2回の手術のときは少し元気になったんだけどね。でも、3回目の手術が終わったら、身体を動かすことも話すこともできなくなった。毎日お見舞いに行ってたけど、何か言いたそうに瞳を動かすばかりで、言葉は出てこない。僕もつらかったけど、本人はもっとつらかっただろうな。

彼女は何を言いたかったんだろう。たぶん僕への励ましとかアドバイスとか、そういうことじゃないかと思う。僕や娘が心配でしょうがないから、今も時々家のあちこちに現れてくれるのかもしれない。早くいなくなったのは悔しいけど、僕は最高の伴侶に恵まれました。そして今も、守ってもらっている。

いずれ向こうの世界で再会したら、3回目の手術のあと、僕に何を言いたかったのか、そして僕と結婚したことをどう思っているのか、あらためて聞いてみたい。あっ、その前に僕のほうから「結婚してくれてありがとう」ってお礼を言わないとね。ちゃんと言ってなかった気がするから。

コタロウはなかなかいい写真を撮る

人生でいちばん悲しかったのは喜代子さんとのお別れだけど、いちばん嬉しかったのは孫のコタロウと出会えたことだね。この春には、大学生になった。ジジバカかもしれないけど、伸び伸びとたくましく育ってると思う。どんな未来を切り開いていくのかな。それが今の僕のいちばんの楽しみです。

今はカメラに夢中になってる。これもジジバカだけど、なかなかいい写真を撮るんだよね。コンテストで賞をもらったりもしてる。何にせよ、若いうちに何かに夢中になるのは

孫と

娘と

大事なんじゃないかな。僕はウクレレに出合って高校時代は何もかも忘れて没頭した。それを職業にするかどうかは別の話として、ひとつのことを身につけて伸びていけば、そこから世界が広がっていくしね。

生まれて間もない頃、僕とかおるがコタロウをあやしていたら、誰もいない壁のほうを向いて、ずっと笑ってたことがある。娘が「あっ、きっとお母さんが会いに来たんだね」って言って、僕も「きっとそうだね」って答えた。幼いコタロウがカタコトで一生懸命に話そうとしたりするかわいい姿を見るたびに、喜代子さんにも見せてあげたかったな、ここにいればいいのにと思った。

僕はいつも、写真サイズで1枚ずつめくれる冊子タイプのアルバムを持ち歩いてる。20枚ぐらい入るのかな。今は孫のコタロウの小さかった頃の写真がほとんど。前はママとかおるの写真ばっかりだったんだけど、ちょっとずつ入れ替えているうちに、気がついたらそうなって

た。ラインナップの変化に気づいたかおるに「どういうこと！」って怒られたけど、厳選に厳選を重ねた結果なんだからしょうがない。

孫の結婚式でお祝いの歌を演奏したい

幼稚園の頃のコタロウは、「仮面ライダー」や「スーパー戦隊」のシリーズに夢中だった。とくに好きだったのが『仮面ライダー電王』。主演は佐藤健君だったんだけど、セカンドライダーを演じていた中村優一君の大ファンで、彼が出ている舞台を観に行って楽屋を訪ねたこともある。

愛読してた『てれびくん』に、二人で出してもらったこともあった。タコを持って撮影したから

お正月の号かな。あれはいい思い出です。

こんなこと言うと娘に怒られちゃうけど、孫は自分の子ども以上にかわいい。もちろん娘もかわいかったけど、かおるが生まれた頃は、僕はまだドリフターズに入っていなくて、バンドマンとして毎日忙しくはしていたけど、どこか不安で気持ちに余裕がなかったかもしれない。何より親と違って無責任な立場だからね。

いつか、将来のことや人生のことを相談してくれたりもするのかな。聞かれたらいろんな話をしてあげようと思ってるけど、こっちから話しに行くわけにもいかない。本人にとって必要なタイミングじゃないのにあれこれ言ったところで、こっちの自己満足になっちゃうだけだしね。幼くて無邪気なコタロウと遊ぶのも楽しかったけど、成長してからいろんな話をするのも、また楽しみです。

僕は「100歳までウクレレを弾き続けたい」って言ってるんだけど、僕が100歳になる頃にはコタロウは30歳前ぐらいになる。コタロウの結婚式でお祝いの歌を演奏できたら最高だね。ハワイアンにはお祝いの歌がいっぱいあるから、早めに候補を選んで、コタロウに「どれがいい?」って聞いてみようかな。

娘に説得されて84歳で運転免許証を返納

僕は2017（平成29）年の春に、84歳で運転免許証を返納した。その時は、今ほど高齢者の免許証返納は話題になってなかったかな。決め手は、かおるのひと言だった。「お父さんは今までずっと子どもたちを笑顔にしてきたのに、人生の終わりになって悲しませるようなことをしちゃいけないと思う」――。

この言葉で返納を決心した。かおるはだいぶ前から、「そろそろ返納させたい」と思っていたらしい。だけど、僕自身は目も耳も問題ないし身体も元気だから、免許を返納しようとか返納しなきゃという発想自体、まったくなかった。

実際は免許を持っていた最後の何年かは、クルマはたいして乗っていなかった。毎日通ってたスポーツクラブぐらいかな。「スマート」っていう二人乗りの小さいクルマだったから遠出もできない。10年乗って、走行距離はたった5000キロだった。

ある日、娘に諭された。ウチの前はスクールゾーンで朝と夕方に子どもたちがたくさん通る。まかり間違ってその子たちにケガでもさせたら取り返しがつかない。ニュースを見た全国の人たちも「あの高木ブーが……」ってガッカリする。ダメ押しに最初の言葉を言われて、たしかにそうだなと納得したんだよね。

もし頭ごなしに「もう歳なんだから、運転しないで！」って言われてたら、カチンと来て「俺はまだ大丈夫だ。返納なんてするもんか」って意固地になってたかもしれない。娘も言いづらかっただろうけど、言ってくれてありがたかった。

何日かあとに「返納することにしたよ」と言いながら、免許証を赤いひもで十字に縛って娘に渡した。自分なりに封印したつもりでね。そのあとで実際に警察署に返しに行ったんだけど、まだ珍しかったもんだから、直後に小池百合子知事や警視総監が出席する東京都のセレモニーに招待されちゃった。

僕は今、必要があれば娘の旦那さんが運転してどこでも連れて行ってくれるし、都会だとまあどうにでもなる。でも、クルマがなかったら病院にも買い物にも行けないっていう人は、簡単に返納できないよね。それぞれ事情があるから、僕には「○歳になったら絶対に返納すべきだ」とは言えない。難しい問題だよね。

僕のお葬式でやってほしいこと

コロナ前は気の置けない人たちと、ちょくちょく飲みに行っていた。よく酒の肴にしていたのが、「どんなお葬式にしたいか」という話題。そんなことを笑いながら話せるのも、バリバリに元気だからこそだよね。

棺桶には、コントとかで何回も入ったことがある。そういうのを嫌がる人もいるけど、僕はぜんぜん抵抗ない。入ると寿命が延びるって言われてるらしいよ。抵抗がなさ過ぎて、横になったままコントの途中で寝ちゃいそうになったこともある。真っ暗だからしょうがないよね。

自分のお葬式でぜひやってほしいのは、お坊さんのコーラス。なんていう呼び方かは知らないけど、4人のお坊さんがハーモニーでお経を唱えるのがある。あれ好きなんだよね。単に何人かで同じお経を唱えるんじゃなくて、声の高さが微妙に違って和音になっていないとつまらない。聴いてると、ソロがあったりバックを付けたりしてることもある。

きっと、お経のコーラスを得意にしてるお坊さんユニットとかあるんじゃないかな。選りすぐりのユニットに来てもらうには、どうすればいいんだろう。ご指名とかはなさそうだよね。いつもお世話になっているお寺のお坊さんに聞いてみようかな。

「お棺には雷様で入ってよ」なんて話も出たけど、それだと見た人がどんな顔していいか困っちゃうよね。お気に入りのアロハぐらいがいいかな。ハワイの正装だしね。

加藤は奥さんの綾菜さんに「俺が死んだら、指を鼻の下に置いて『加トちゃん、ペッ』のポーズで棺桶に入れてくれ」って頼んでるんだって。あいつらしいよね。

祭壇の遺影にもこだわりたいけど、自分で選ぶわけじゃないところが難しい。選んでおけばいいのかな。カッコいいなと思ったのは、長さんの遺影。当時はキリンビールのCMに出てて、ひとりでベースを弾いてる渋い顔が遺影になってた。コメディアンの気配はまったくしないんだけど。

なんて、そんなことを言っているうちは、まだまだ大丈夫だよね。

コロナ禍で新しいことにたくさん挑戦

この3年ぐらい、世の中は新型コロナウイルスでたいへんだった。２０２２（令和４）年の後半ぐらいからライブやイベントも増えてきたけど、２０２０（令和２）年の春に最初の「緊急事態宣言」が出された頃は、これからどうなっちゃうんだろうと誰もが大きな不安を抱えていたよね。

志村がコロナで命を落としたのは、コロナという言葉をみんなが耳にし始めたばかりの２０２０年3月29日だった。病院の体制も整っていなかったし、治療法もわかってなかったんだよね。感染したくてしたわけじゃないのはよくわかってるし、言っても仕方ないんだけど、あと１週間感染が遅かったら助かっていたかもしれない。

だけど、志村のことがあって、日本中が「コロナは怖い」と思い知った。みんなが感染対策に力を入れるきっかけになった。あいつは間接的に、多くの人の命を救ったんじゃないかな。やっぱりすごいヤツだよ。

コロナ禍で「ステイホーム」の日々になって、僕もいろいろ新しい経験をした。自分の家からのリモート撮影に初めて挑戦したのは、5月にNHKBS1で放送された『外出自粛の夜に〜ウクレレでリレー音楽会〜』。日本とハワイのウクレレ奏者を次々につないでいく趣向で、僕は最後にバトンを受け取って『ブルーハワイ』と『いい湯だな』を歌った。

娘のかおるがスマホで撮影してくれたんだけど、ディレクター役でもあるかおるが厳しいんだよね。「お父さん、目線をもっと上に」とか「表情をもっとやわらかく」とか、いろいろダメ出しされた。それも含めて楽しかったけどね。

YouTubeも本腰を入れて再開した

以前もちょっとやってたYouTubeを本腰を入れて再開したのも、同じ頃だった。といっても、僕はカメラの前でウクレレを弾いて歌ったり話したりしているだけで、仕組みはよくわかってないんだけどね。

番組名は「【ＳｔａｙＨｏｍｅ】高木ブー家を覗いてみよう」。スタートしたときには、暗い世相の中での珍しいほのぼの系のニュースってことで、テレビの朝のワイドショーにもいくつか取り上げられた。おかげでたくさんの人が見てくれたらしい。

当時は、みんながいろんな不自由や不安を抱えていた。ＹｏｕＴｕｂｅを再開しようと思ったのは、ウクレレの音色が見てくれた人の癒しになってくれたらという気持ちもあった。ウクレレは心地良い音色だから、沈んだ気持ちを慰めてくれるからね。

僕のインスタにも「自粛生活で落ち込んでたんですけど、ブーさんの演奏と歌に癒されました」とか「押し入れから久しぶりにウクレレを取り出して、弾いてみました」

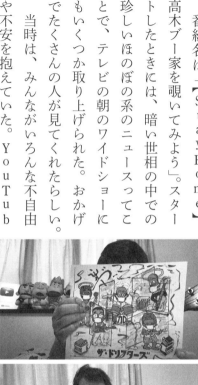

なんてコメントをたくさんもらった。嬉しかったな。

初回では志村についても、前月の追悼番組で言えなかったことも含めて、想いを話すことができた。追悼番組に出た晩に志村が夢に出てきたこと、50年前のボーヤ時代から「高木さん、高木さん」って慕ってくれてたこと、会いたくなったら夢で会えるからあいつはまだ僕の中では生きてるんだってこと……。

そんな話をしたあとで、締めくくりに『サヨナラと云わないで』っていうハワイアンの曲を歌った。別に湿っぽい流れにするつもりはなかったんだけど、何となくこの曲かなって思って。サヨナラと言わないまま、心の中で生きていてもらう。それでいいんじゃないのかな。

野心がないからここまでやってこられた

90歳を迎えたこの歳までコメディアンをやれてるなんて、自分自身がいちばんビックリしてる。加藤や志村みたいに、人を笑わせる特別な才能があるわけじゃない。だいいち、できるだけ長く芸能界で生き残ってやろうなんて思っていたわけじゃない。のし上がってやろうという野心もなかった。

子どもの頃からずっとそうなんだけど、流れに身を任せていただけだった。気がついたら、今でも雷様をやっている。

よく言えば「自然体」ってことなのかな。昔は「欲がなさ過ぎる」とたまに言われた。芸能界ってやっぱり野心がある人が多いし、生き馬の目を抜くみたいなところはある。ただ、長い芸能生活でいろんな人を見てきたけど、常に「自分が自分が」と前に出ようとする人は、意外にうまくいかないケースが多かったかもしれない。

たしかに競争の世界ではあるけど、自分が一歩引いて人を立てることができる人のほうが、結果的に長く活躍できてる気がする。そういう人は、まわりが「この人を助けてあげたい」と思ってくれるし、「この人なら大丈夫」という信頼関係を築くこともできる。どんな人だって、まわりの助けがないと何もできないもんね。

僕がのんびりやれていたのは、基本が芸能人じゃなくてバンドマンだったからじゃないかな。バンドマンは〝手に職〟があるから、目先の人気をそこまで気にしなくてもいい。好きな音楽でそれなりに食えればいいし、それこそ周囲との調和が取れなかったらいい演奏はできない。そういうスタンスは、ドリフのほかのメンバーにもきっとあった。

野心を持たないままやってこられたのは、やっぱりドリフという大きな船に乗っていたからっていうのが大きい。「第5の男」は「第5の男」なりに、その中で安心して自分のペースでやることができた。

二人になった今も、僕はドリフという大船に乗ってのんびり揺られている。長さんや荒井さんや志村や仲本が、僕たちが乗った船をしっかりと引っ張ってくれているのを感じながら。

撮影／コタロウ

ブーたんはクッションになって、長さんの怒りを受け止めてくれた

加藤茶（ザ・ドリフターズ）

ブーたんは、ドリフターズの中ではクッションみたいな存在ですね。なにかというと、すぐ長さんに怒られてた。長さんは僕とか志村に言えないことでも、ブーたんには言いやすい。「怒られ役」っていうか、ブーたんに言っているのを聞いて、ほかのメンバーが「あっ、気を付けなきゃ」と思うっていうのはありました。

ほんとに穏やかな人なんです。いろいろ考えていることはあるんだろうけど、自分の意見はめったに言わない。尋ねられると「うーん、こっちがいいかな」と答えるぐらいで。人とぶつかったりもめたりするのが、根っから嫌いなんですよね。

『全員集合』のネタ会議のときに、僕は長さんとしょっちゅう言い合いになってました。自分のやるところは自分で考えていたので、「こういうことがやりたい」「こうし

たほうが面白い」ということをわかってもらわないといけない。そうやって遠慮なくやり合ったから、面白い番組になったんだと思います。

初めてブーたんを見たのは、ドリフターズの新しいメンバーを長さんと探していたときですね。「シャドーズ」っていうバンドに、昔「クレイジー・ウエスト」でいっしょだった仲本がいたから、出演してるジャズ喫茶に行ったんです。

そしたら、ブーたんがサイドギターをやってた。長さんと「まんまるくてかわいいな。二人とも引っ張っちゃおうぜ」という話をしたのを覚えてます。まずブーたんが荒井さんと同時にドリフに入って、仲本はちょっとたってからだった。どういういきさつがあったのか、そのへんは長さんにしかわかりません。

僕は17歳の時に高校をやめて東京に出てきました。ミュージシャンを目指してバンドマンになったけど、コントやお笑いはまったく頭になかったなあ。ドリフにもドラマーとして入りました。でも、笑いの要素が多いドリフでやっていくうちに、だんだん「笑いって面白いな」という気持ちが強まってきたんですよね。

新生ドリフがスタートして、最初の頃は笑いのことを考えているのは長さんと僕だけだったけど、だんだんみんなの目指す方向が同じになってきた。たまたま年齢差が大きかったことで、まとまりのいいグループになった気がする。クッションとしてのブーたんの役割も大きいですね。ブーたんのいないドリフは考えられない。

メンバーみんなが「お客さんにウケる」という同じ目標を持っているから、長くやってこられたし、辛いことや苦しいことがあっても辛抱できた。いちばんつらいのは、やっぱり自分たちが作ったものがお客さんにウケないこと。みんなで原因を考えて、次はもっと面白くしようとさらに頭をひねる。その連続でしたね。

『全員集合』は、ずいぶん抗議や批判も受けました。もちろんそれは真摯に受け止めながらも、楽しんで見てくれている何千万人のファンも大事にしたい。スタッフと一緒に議論しながら「ファンを裏切らない番組」を目指しました。

あれから50年ぐらいたって、ドリフのコントが再評価されて『ドリフに大挑戦』という番組が作られたり、昔のコントで若い人や子どもたちが笑ってくれたりしている。僕たちのやってたお笑いは間違いじゃなかったと、あらためて思ってます。

ドリフは、とうとうブーたんと僕の二人になった。まさかの展開ですね。どのメンバーとの別れもショックだったけど、僕にとっては、加トケンのコンビでも長くやってきた志村が、まだ70歳でいなくなったのはかなりこたえました。

二人で漫才的な掛け合いをするコントは、5人でやるコントとは感覚がぜんぜん違う。どっちも楽しかったけど、二人だからできることは確かにあった。70歳を超えた志村と、またコントをやりたかったな。今の年齢ならではの独特の間が生まれて、新しい笑いが生み出せたんじゃないかな。

ブーたんには、これからもとにかく元気でいてほしい。自分が健康でいないと、人を笑わせることはできないからね。本人もそこはわかっていて、自分が長く生きてお客さんに笑ってもらいたいという気持ちを持ってる。

すごいよね。90歳になってもステージでウクレレを弾いたり、絵を描いたりしていて、引退しようなんてまったく思ってない。こっちも80歳だけど、おかげで助かってるし、ずいぶん刺激をもらってます。

僕は生まれ変わっても、またメンバーを組んでお笑いをやりたいと思ってる。そのときもブーたんと一緒にやれたらいいな。クッション役、よろしくお願いします。

＊ブーさんと私＊

憧れの「大スター」が目の前でウクレレを弾いてくれた！

赤井英和（俳優、元プロボクサー）

高木ブーさんと初めてお会いしたのは、もう20年ぐらい前になるかな。ここ数年はやれていませんが、ウチの庭で毎年お正月に百何十人かが集まって「餅つき大会」をしてるんです。阿波踊りとか芸人の方のステージとかもあったり、けっこうにぎやかな感じで。そこに娘のかおるさんといっしょに来てくださったんです。

いやあ、感激しましたね。僕も『全員集合』で育った世代ですから、昔からドリフターズの大ファンでした。仕事で俳優さんやタレントさんともお会いしますけど、それとは別というか、特別な存在の大スターなんです。

かおるさんは広告代理店にお勤めだった関係で、以前からお仕事でお世話になってました。今はすっかり家族ぐるみの付き合いです。かおるさんとウチの嫁の佳子ちゃんは、二人でたまに「女子会」をしてるみたいですね。そういうときは僕は呼んでもらえません。

餅つき大会の参加者も、みんな「あ、ブーさんだ」って喜んで、次から次へと話しかけたり一緒に写真を撮ってほしいと頼みに来たりする。でも、まったく嫌な顔をしないで、ニコニコと対応なさるんですよね。まったく飾りも気どりもないお人柄の素晴らしさにしびれました。

しかもその場で、ウクレレを弾きながらハワイアンを歌ってくださったんです。当然、大盛り上がりですよ。ブーさんがウクレレの名人だというのは知ってましたが、こちらから「弾いてもらえませんか」なんて図々しくてお願いできません。あらためて、家族そろって「人間・高木ブー」の大ファンになりました。

それからだいぶたってから、ウチの子が小学校6年生から何年か、ハワイ島に留学していたことがあるんです。有名なウクレレショップがあって、休日に地元の人が子どもたちにフラダンスを見せてくれたりする。そこで偶然、ブーさんにお会いしたと言ってました。ほかの場所でも何度かお見かけしたそうです。

餅つき大会ではお会いしてるけど、たぶんブーさんは覚えていないだろうと思って、声はかけなかったらしいですけどね。でも、おかげでウチの子はウクレレに興味を持って、ブーさんにいただいたウクレレを見よう見まねで弾いたりしてました。

ブーさんのウクレレのライブに何度か行かせてもらいましたが、ミュージシャンとしても間違いなく一流の方ですね。演奏もですけど、歌声の美しさに感動しました。ブーさんに限らずドリフのみなさんは、音楽というベースがあった上で、笑いを作り出していた。ドリフターズの笑いの奥深さも垣間見た気がしました。

最近まで知らなかったんですけど、ブーさんは高校生の頃にボクシングをやってらしたそうですね。そのときはもうウクレレをなさっていて、指をケガするといけないからボクシングをやめたと言ってらっしゃる記事を読みました。

昔のビデオデッキのCMで、ブーさんと仲本さんがボクシングをしながら「コ・マ・お・く・り・も……」とやってるのがありましたよね。グローブを付けたブーさんの構えが、失礼ながらイメージと違って、妙に決まってると思ったんですよ。

でも、高校時代にボクシングじゃなくてウクレレを選んだから、今こうしてウクレレでたくさんの人を楽しませてくれているブーさんがいる。ウクレレを選んで正解だったと思います。我々にとっても大正解でした。もしボクシングを選んでいたら、あの素晴らしい演奏は聞けないんですから。

ブーさんご自身に加えて、高木家のチームワークのよさにはいつも感心してます。とくに、かおるさんの存在はブーさんにとって大きいですよね。スケジュールの調整とかはもちろんだけど、「タレント・高木ブー」が常に最高のパフォーマンスを発揮できるように、日常生活も仕事の環境も細かく気を配ってらっしゃる。

赤井家も、かおるさんをすっかり頼りにしてます。3人の子どもの進路では、もっぱら佳子ちゃんを通じてたくさん相談に乗ってもらいました。去年、プロボクサーの長男が監督をした映画『ＡＫＡＩ』が公開されたんですけど、話が決まったときには真っ先にかおるさんに相談したようです。なんせ初めての経験で不安しかありませんでしたけど、いろいろ教えてもらって本人も家族もずいぶん助けられました。

それにしても、ブーさんが90歳ですか。お元気すぎて信じられないですね。本当におめでとうございます。まだまだ１００歳、１１０歳を目指してがんばってください。またライブでウクレレを聴かせていただけるのを楽しみにしてます。

＊ブーさんと私＊

葬儀に来てくれたブーさんは眠っている母の頬に手を当てた

安達正観
（音楽プロデューサー）

ブーさんのCDを出すお手伝いができたのは、僕の長い音楽プロデューサー生活の中で、こっそり誇りにしていることのひとつです。最初の『Hawaiian Christmas』から始まって、アルバム3枚とシングル2枚、あとベスト盤を2枚作りました。去年、思うところあって別のレコード会社に移ったんですが、ブーさんにご報告したら、「じゃあ、俺も安達と一緒に移籍だな」と言ってくれたんです。あの言葉は嬉しかったな。また一緒にアルバムが作れたら最高ですね。

初めてお会いしたのは、1996（平成8）年の春か夏でした。その頃、クリスマスの企画物を作りたいなと思っていて、女性誌をめくっていたらハワイアンジュエリーとかハワイの特集をやってた。クリスマスとハワイっていう意外なマッチングも面白いかなと、漠然と思ってたんです。

仲のいい出版関係の人にその話をしたら、「そういえばウチのカミさんが、ブーさんがウクレレを弾いて歌っているのを見たらしいよ。すごく上手でびっくりしたって」と。あとで知ったんですが、ブーさんは数年前に奥さんを亡くされて、落ち込んだ様子を見た昔の仲間が声をかけてウクレレを再開した頃だったんですよね。

ＣＤを作るご相談をするために、ブーさんとマネージャーさんと僕の３人でお会いしました。僕もまさにドリフ世代ですから、初めてお会いしたときは「あっ、ドリフターズの人だ。本物だ」という感じでしたね。当時、ブーさんは60代前半かな。今から思うと若くて元気いっぱいですが、十分に大ベテランですよね。

選曲やレコーディングに全力で臨んでくださったのはもちろん、ジャケットの撮影ではこちらのリクエストに応えて雷様の衣装をテレビ局から借りてきてくれたり、発売後のキャンペーンでは楽器店の前で歌ってくれたりしました。あれだけの大御所なのに、普通はあり得ません。心から音楽がお好きなんでしょうね。

おかげさまでファーストアルバムは話題になり、ブーさんは今もウクレレ奏者として活躍なさっている。それはもちろん、ブーさんの演奏と歌に魅力があるからです。演奏のテクニックは文句のつけようがないし、声が圧倒的に素晴らしい。最初に聞いたときは、ブーさんってこんなきれいな声出すんだって、体が震えました。

裏声とも言われるファルセットも見事なんですよね。多くの人には、ブーさんがきれいな歌声を持っているイメージはありません。失礼ながら見た目とのギャップも大きい。CDは、そこを最大限に生かして作りたいなと思いました。

ブーさんにはいつも「安達はうるさい、厳しい、しつこい」って言われているんです。レコーディングのときは、けっこうダメ出ししてますから。ブーさんが途中で寝ても、起きたらまたやり直してもらう。人によっては、遠慮しちゃうこともありますよね。でも、ブーさんはとにかくいいものが作りたくて、そういうことは望んでいない。「安達はうるさい云々」は、何よりのホメ言葉だと思っています。

僕はアーティストとは、個人的に飲みに行ったりといった付き合い方はあんまりしません。言いたいことが言えなくなってしまうので。ただ、ブーさんは別で、なんとなく家族みたいな感覚を持っています。きっかけは、母の葬儀でした。

10年ぐらい前に、女手ひとつで僕を育ててくれた母親が、交通事故で亡くなりました。実家は相模原で東京から遠いので、会社にはいちおう伝えましたが、ほとんど誰にも言わなかったんです。そしたら誰に聞いたのか、ブーさんから花が届いていた。ああ、ありがたいなと思っていたら、日が暮れかけた頃に、ブーさんが家族全員で車で小さい葬祭場まで来てくださったんです。

それだけでも光栄で泣いちゃったんですけど、ブーさんが僕の母親のところに歩み寄って、お棺に手を入れて両方のほっぺを両手で包んでくれた。他人の母親ですよ。その瞬間、ぶわーっと涙があふれてきて、この仕事をやってきてよかった、最高の親孝行ができたと思いました。ごめんなさい。今も泣いちゃってますけど。

付き合えば付き合うほど、なんてたくさんの人間的な魅力を持った人なんだろうと感じるし、なぜか次々に面白いことが起きるんですよね。90歳になっても、まだまだ一緒にいろんなことをやりたい、何ができるだろうとワクワクできるのが、ブーさんのすごいところなんじゃないかな。今までのたくさんの楽しい思い出に感謝するとともに、引き続き共通の思い出作りに付き合ってください。

＊ブーさんと私＊

安曇野から東京に帰る列車の中で、いっしょに童謡を歌った

海老名香葉子（エッセイスト）

今から思うと、まさに運命的な出会いでした。もう30年ぐらい前になるでしょうか。安曇野から東京に向かう列車の中で、ブーさんとたまたまお会いしました。それぞれ別々に仕事で長野に行っていたんです。

それまでにもお目にかかったことはありましたけど、ゆっくりお話しするのは初めてでした。ブーさんとは同じ昭和8年生まれなんです。東京に着くまでの3時間ぐらいのあいだ、子ども時代のこと、戦争中のこと、二人でずっとしゃべりっぱなし。失礼ながら、ブーさんがあんなにしゃべる方だとは思いませんでした。

幼い頃、ご両親によく映画に連れて行ってもらった話をされてましたね。「私も、宮城千賀子さんが出てらした『歌ふ狸御殿』（昭和17年公開）を錦糸町で観ました」

と言ったら、「知ってる知ってる」って、すごく嬉しそうにおっしゃっていました。

最初は並んで話していたんですけど、前の席が空いたらそこに移って向かい合わせになって。昔の話をなさっているときのブーさんは、目が生き生きしていました。話だけじゃなくて、いっしょに幼い頃に覚えた童謡を歌ったり、二人で「ずいずいずっころばし」をしたり。もう楽しくて楽しくて。

ただ、戦争の話題になると、お互いつらいんですよね。私が空襲で両親やきょうだいを亡くした話をしたときは、目に涙をいっぱいためて聞いてくださいました。ブーさんも空襲で家を失ってらっしゃる。「空襲のときは、悲惨な光景もたくさん見ましたね」という話をして、黙ってうなずき合いました。

同じ時代に同じ経験をしたもの同士、深く通じ合うものがあるんです。そういう話ができる方も、ずいぶん少なくなりました。あのとき以来、ブーさんはかけがえのない大切なお友達です。偶然お会いできて、本当によかった。

ブーさんだけでなく、娘のかおるさんご夫妻や孫のコタロウ君も含めて、家族ぐるみのお付き合いをさせていただいています。かなり前に、三階建ての新居もお訪ねしました。ご病気だった奥さまのためにとエレベーターが付けてあるのを見て、なんてやさしい方なんだろうと感激しました。だけど奥さまは、新居に一度も入ることなくお亡くなりになったと聞いて、胸がつまりました。

私が名古屋の大須演芸場で顔付け（出演者の選定）をやっていたときには、出演をお願いしたことがあります。ウクレレ漫談で2回出ていただいたかな。東京スカイツリーのスカイツリータウンにあった「そらまち亭」にも出ていただきました。

もちろん演奏や歌声が素晴らしいのは、言うまでもありません。「これは本物だ」と聞くたびに思います。それだけじゃなくて、舞台に登場するだけで客席がパーッと明るくなる。何か話すたびに、みんなが幸せな気持ちで笑顔になれる。そこは、ブーさんにしかない大きな魅力ですよね。

ブーさんは、居眠りのことをよくネタにされてらっしゃると伺いました。昔、五代目古今亭志ん生師匠は高座で寝てしまって、お客さんもそれを喜んだという逸話があります。ブーさんも、すでに志ん生師匠の域に達してらっしゃるんじゃないでしょうか。舞台で居眠りなさるブーさんも、ぜひ拝見してみたいです。

夫の林家三平（先代）も、ドリフターズさんやクレージーキャッツさんのことは、意識していたと思います。ライバルというより、同志という感覚でしょうね。よくドリフターズさんのテレビを見て大笑いしていました。落語とコントという違いはありますが、夫もドリフさんも体当たりで笑わせるという点では共通しています。おそらくシンパシーを感じていたんじゃないでしょうか。

3月に90歳をお迎えになったとのこと。おめでとうございます。私も秋には追い付きます。「ゆっくり、のんびり生きましょう」という本のタイトルは、ブーさんにピッタリですね。すごくいい言葉です。

今もお仕事を続けてらっしゃるところも素晴らしいですが、かといって無理しているわけではなくて、ゆっくり、のんびり楽しみながらやってらっしゃるところが、さらに素晴らしい。私もそう生きたいですが、根っからせっかちで、ゆっくりしていることができなくて。戦前生まれはそういうタチの人間が多いですよね。

私のようにせっかちに生きてしまうタイプは、ブーさんを見習わないといけません。いつまでもお元気で、ずっと高齢者のお手本であり続けてください。

ブーさんが〝あの歌〟を許してくれて僕たちは救われた！

大槻ケンヂ（筋肉少女帯）

絵に描いたような「青ざめた人」を見たのは、あの時が最初で最後ですね。スタジオでレコーディングしてたら、レコード会社の偉い人が入ってきて「ダメだっ、中止中止！『高木ブー伝説』は出せない！」って叫んでる。しかるべきとこから連絡があったみたいです。あの時は「ああ、俺たちは終わった……」と思いました。

曲を作ったのは１９８５（昭和60）年頃かな。最初は自主制作のレコードで出したんです。その時は、問題になるなんてカケラも考えませんでした。当時の自主制作ロックなんて、ほんとーにちっちゃい世界で、ドリフターズの高木ブーさんは別の世界の人というか、自分らごときがなにをやっても届くわけはないと思ってましたから。

じつは、その時もブーさんの関係者を名乗る人物から事務所に電話が入ったんです。

結局、それはイタズラだったんだけど、ライブで行っていた静岡からあわてて帰って来ました。そうだ、あの時はピエール瀧君の家に泊まってたんだ。

数年後、「筋肉少女帯」がメジャーデビューして、ファーストアルバムを出すことになりました。その頃は僕も少しは世間がわかってきて、「これ、大丈夫かな……」という思いはチラッとあったんです。でも、周囲も含めて若さと勢いだけでやっていたので、そのままレコーディングを進めて、テレビでも歌ったりしていました。

そしたらやっぱり……。まあ、当然ですけどね。自己嫌悪になっている若者が「俺は高木ブーだ！」と連呼する歌なんて、失礼極まりない。結局、すでに録音していた『高木ブー伝説』は抜いて、1枚目のアルバムを出しました。

ところが、ある日、レコード会社の人が「あれ、大丈夫になったから」と言ってきたんです。「高木ブーさんがOKしてくださった」って。すぐには意味がわかりませんでした。エーッ、ブーさんが！　まさかそんなことがー！　みたいな。

伝え聞いたところによると「若いモンがわけわからずやってるんだし、何度も僕の名前を叫んでくれてありがたいじゃない」とおっしゃったそうです。もう、感動したなんてもんじゃありません。こんなぽっと出の若者を助けようと行動を起こして、しかもあの歌を寛大に許してくださる。心の大きさと柔らかさがすごいなと。

お言葉に甘えて、メジャー2枚目のシングルCDとして、1989（平成元）年12月に『元祖高木ブー伝説』と微妙にタイトルを変えて発売しました。まさかあんなに大ヒットするなんて。あの時、ブーさんのお許しがなかったら、その後の「筋肉少女帯」や大槻ケンヂの運命は大きく変わっていました。一生、足を向けて寝られません。

じつは最初の録音は、シングルのものと比べて、ややゆっくりなテンポでした。一度NGが出て録り直した時に、テンポアップしてポップな曲調になったんです。ケガの功名というか結果オーライというか、すごく運がいい歌なんですよね。

ブーさんと初めてお会いしたのは、歌がヒットしかけていた頃だったかな。渋谷公会堂でライブをやった時でした。始まる前に楽屋に寄ってくださったんですが、ワチャワチャしていてゆっくりお話はできなかった。ライブが始まって「続いては『元祖高木ブー伝説』です」と言ったら、客席の高木ブーさんが立ち上がって、四方に深々と礼をなさったんです。当然、お客さんは大盛り上がりですよ。

でも、ステージにいる我々としては、畏れ多いやら申し訳ないやら。どうやって曲に入ればいいのか、あんなに困ったことはありません。メンバー全員で客席のブーさんに「ありがとうございます！」と頭を下げてから歌い始めました。

あれから30年以上経ちますが、ブーさんとは何度も同じステージに立たせてもらいました。ミュージシャンとしても別次元の方です。演奏や歌が素晴らしいのはもちろん、昭和の時代の現場主義でやってきた人の底力っていうか、その場その場で合わせる対応力がすごい。今のミュージシャンとはぜんぜん違いますね。

そうそう、ブーさんにスタジャンをプレゼントしてもらったことがあります。ご自分で描いた雷様のイラストの上下に、「ｋｅｎｊｉ」「ＢＯＯ」と名前が入ってる。どこまでスケールがでかいやさしさを持った人なのか。あらゆる面で人生の師ですね。

ブーさん、なんと90歳ですか。おめでとうございます。このまま１１０歳、１２０歳と生き続けて、日々伝説を作っていただきたい。いや、もはや伝説の存在だから、第二弾で「令和版高木ブー伝説」をハワイアン調で作るのもいいかな。今回も事後報告で大丈夫でしょうか。出来上がったら、ぜひステージで一緒に歌ってください。

＊ブーさんと私＊

いつもブーさんの隣で大きなやさしさに包まれています

荻野目洋子
（1933ウクレレオールスターズ・歌姫）

「ブーさん、起きてください」

2022（令和4）年3月にビルボードライブ横浜でやった「1933ウクレレオールスターズ」のライブのステージで、寝ているブーさんを起こす大役を関口さんから仰せつかりました。もちろん、寝たふりですよ。あのドリフの高木ブーさんのボケに、私が突っ込むなんて、光栄というか畏れ多いというか。あのときは緊張しました。

ブーさんは、いい意味で「大御所感」を私達に与えないんです。本当は偉大な方なのに、いつも気さくに接してくださって、威圧感は受けたことがありません。ブーさんの隣で演奏していると、大きなやさしさに包まれている気がします。

同じバンドで活動する中で、ブーさんってすごいなと思うのは、どんな場面でも年齢を感じさせないところですね。リハーサルの合間に、仕出しのお弁当を一緒にいただいたんです。ハワイアンなメニューでお肉も多めだったんですが、普通にパクパク召し上がっている。勝手に「年齢的には和食がお好みなのかな」とか思っていたんですけど、ぜんぜんそうじゃない。見ていて感動しました。

ミュージシャンとしてのブーさんも、とっても若々しい。長年ハワイアンを演奏されているわけだから、自分の身体にしみ込んだやり方があるだろうし、いろんなこだわりもお持ちだと思うんです。でも「１９３３ウクレレオールスターズ」では、私達に指示してよい立場なのに新しいサイズやアレンジに柔軟に合わせて演奏している。

たまに歌詞がうろ覚えなところがあったりすると、すごく悔しがって、「今度までに絶対覚えてくるから」とおっしゃるんです。そして次のときには完璧に歌えるようになっている。音楽に対してあくまでも貪欲で、ミュージシャンとしてブラッシュアップを続けてらっしゃる姿勢に、いつも刺激をもらっています。

私がウクレレに出合ったのは、もう15年ぐらい前になるのかな、子育て真っ最中のときでした。子どもとだけ向き合っていると、やっぱり気持ちがいっぱいいっぱいになってくる。なにか楽器をやろうと思って、取っつきやすそうなウクレレを選んだんです。最初は童謡の『たきび』とか簡単な曲を片っ端から弾いていました。疲れた気持ちがずいぶん癒されましたね。

子どもが寝たあととかに少しずつ練習していたんですが、あるとき、小学校の同窓会があったんです。そこで覚え立ての『涙そうそう』を弾き語りしたのが、初めての人前での演奏でした。その学校は途中で転校しちゃったんですけど、クラスメイトに〝今までありがとう〟の思いで感謝を込めて歌いました。

それから積極的に機会を見つけて演奏させてもらいました。人前で歌う予定があると、そこに向けて練習の目標ができる。それ以上に、人前でやるたびに楽器を演奏する面白さをどんどん知ることができました。

ウクレレのいちばんの魅力って、上手とか下手とかを気にしなくていいところじゃないかな。小さいお子さんがたどたどしく弾いていても、素敵なミュージックとして成立する。音楽って本来、そういうものだと気づかされるんです。ギターだと競争心が芽生えますけど、ウクレレだとぜんぜんメラメラしないんですよね。

「1933ウクレレオールスターズ」は、みなさんプロ中のプロの方ばっかりで、リハーサルでも使ったことがないコードが普通に出てくる。だけど、拙い私をみなさんがふんわり受け止めてくれて、誰かひとりが突出するわけでもなく、きれいな輪が自然にできていく。それもきっとウクレレのパワーなのかな。

去年の春、当時は中三だったウチの末の娘が、横浜のライブを観に来たのですが、終わったあと彼女が、ブーさんの歌声があまりにもあたたかくて号泣したと言っていました。『涙そうそう』を私と交代で歌ったんですけど、サビで二人の声が交わったときに、あまりにも素敵で大泣きしたって教えてくれたんです。それはとても嬉しい娘からの感想でした。

ブーさん、90歳心からおめでとうございます。これからもミュージシャンとしてのアグレッシブさを永遠に持ち続けて、私たちを牽引していってください。

私もブーさんのような年齢の重ね方がしたいと思っています。『ダンシング・ヒーロー』はいつまで踊れるかわかりませんが、ウクレレを弾くおばあちゃんになれたらいいな。これからも、いっぱいご一緒させてください！

僕、桑田からは「サザンの高木ブー」って言われてます

関口和之

（１９３３ウクレレオールスターズ・キャプテン）

今、ブーさんと「１９３３ウクレレオールスターズ」でいっしょに活動しています。5年前に結成して、メンバーは全部で７人。荻野目洋子ちゃんや、野村義男君もいます。「１９３３」はブーさんの生まれ年にちなみました。

サザンオールスターズがデビューした頃に『全員集合』に出させてもらったことはありますが、初めてお話ししたのは１９９４（平成６）年に渋谷CLUB QUATTROであった「ザ・ウクレレ・オーケストラ・オブ・グレート・ブリテン」の来日コンサートがあったときですね。２日公演の日替わりゲストで、牧伸二さんとブーさんが出演なさっていた。僕は観客で行っていたんですが、ブーさんの楽屋にご挨拶に伺いました。

そのときに名刺交換して、翌日だったかな、「高木ブーでーす」って電話があった

んです。そこで「ウクレレオーケストラみたいなバンドやりたいね」って話が出たんですよね。ブーさんも僕もすぐにでもやりたかったけど、いろいろタイミングを見ているうちに四半世紀の時が流れて、やっと念願がかないました。

当時は「ウクレレ冬の時代」で、僕が1980年代後半にウクレレに興味を持って楽器屋さんに行ったときは、国産のが3本しかなかった。渋谷でいちばん大きな楽器屋さんなのに。教則本もハワイアンミュージックの知らない曲しか載ってない。

やってみたら面白くて、たちまちはまりました。やがて「ウクレリアン」を名乗るようになって、ウクレレの魅力を広めることで、少しずつ「日本ハワイ化（ウクレレ化）計画」を進めてきたんです。ブーさんたちのご活躍もあって、2000年頃にはだいぶウクレレに注目が集まるようになりました。

ウクレレのよさは、どこでも手軽に音楽ができるところでしょうか。音色に癒されるし、ひとりで弾いてもみんなで弾いてもいい。上手にならなくても、下手は下手なりに楽しく演奏できる。下手な人たちとやっても、演奏し終わると必ず笑い声と笑顔が生まれます。そういうのはウクレレならではですよね。

ブーさんのライブを初めて観たときに、まずビックリしたのが「歌がお上手だな」ということ。演奏も感動しました。ストラミングっていうんですけど、右手の指で弦をかき鳴らすテクニックが半端じゃない。ビートを作り出す感じや音の切り方なんかも見事で、これはなかなか普通の人にはできないと思いました。

もちろん、僕らはドリフのコントを見て育った世代です。子どもの頃から「この人、なんか愛嬌あるなー」って印象でしたね。お会いして、それはそのとおりだったんですけど、身近に接したら、ひじょうに省エネで生きてらっしゃる方なんだなと感じました。

楽屋で時間があいたときは、だいたい寝てらっしゃいます。さっきまで楽しくお話してたかと思うと、いつのまにか寝てる。ああ、これがノーストレスなライフスタイルなのかと。まさにウクレレ的な生き方のヒントをもらっています。

僕がブーさんのために作った『パパの手』っていう歌があるんですけど、歌うたびにブーさんが「これ難しいよー」ってボヤくんですよね。でも、そう言いながらも歌うたびに、どんどんよくなってる。娘さんに伺ったら、家でもかなり練習なさっているらしい。ミュージシャンのプライドと向上心を持ち続けてらっしゃるのが素晴らしいですよね。声も、最近また一段とよく出ている気がします。

すごくおこがましいというか申し訳ないというか、僕、よく桑田（佳祐）に「お前はサザンの高木ブーだ」って言われるんですよね。そう言われるのは嬉しいです。自分に都合よく解釈すると、控えめだけど面白いみたいな意味が込められているのかな。それと、ブーさんの本に『第5の男』っていうのがあるじゃないですか。たしかに僕も、サザンでの役割はそういうことかもしれないと思ったりもして。

ブーさんは理想の音楽人であり、これから先もずっと僕たち後輩のお手本です。もちろんブーさんもご存じの方なんですが、アメリカにビル・タピアさんという103歳まで活躍なさったウクレレ奏者がいるんです。僕、彼が101歳のときに日本に招待したんですが、颯爽としていて頭もクリアで素晴らしいお爺さんでした。ブーさんの指標というか目標は、ビル・タピアさんかもしれない。

僕たち後輩は、そんなブーさんの背中をいつまでも追い続けていきます。90歳になっても100歳になっても、今のまま自由にのんびり歩き続けてください。

ブーさんと私

いつも笑顔のブーさんが一度だけ鋭い目になった瞬間

高城れに

（ももいろクローバーZ）

子どもの頃、友達から親しみを込めて「ブーさん」と呼ばれてました。テレビで高木ブーさんを見るたびに、何となく遠い親戚みたいな気がして親近感を覚えていたんですよね。この世界に入ってからは憧れの大先輩で、雲の上の人でした。あっ、雷様だからっていう意味じゃないですよ。ひょんなきっかけで7年ぐらい前に初めてお目にかかって、タカギ同士で意気投合したんです。ブーさんからも「同じタカギだし、家族や親戚みたいなもんだから」と言ってもらえて嬉しかったです。

それから、ももクロのライブや私のソロライブにゲストで出てくださったり、ウクレレや昔使ってらした貴重なベースをプレゼントしていただいたりしました。今年の3月まではニコニコ生放送で、ドリフのみなさんとももクロと東京03の飯塚悟志さん

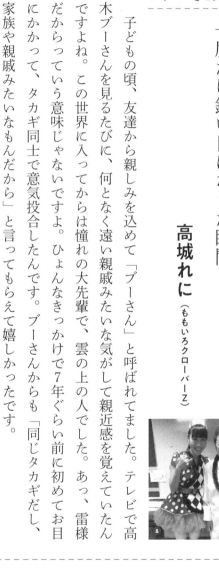

とで『もリフのじかん～ももいろクローバーZ×ザ・ドリフターズ～』という番組をやってました。

ブーさんってすごい人だなとあらためて思ったのは、２０２１年11月に日本武道館で開催した「ドリフ＆ももクロ ライブフェス～コントもあるョ！ 全員集合～produce by もリフのじかん」のときですね。とある出来事がありました。

ライブの中で「雷様」のコーナーがあって、ブーさんと仲本工事さんと私の３人が出たんです。リハーサルのときから、コントになるとブーさんのギアが一段上がるんですよね。ブーさんって、いつも笑顔でのんびりした雰囲気じゃないですか。でもコントのときは「ここはこうしたほうがいい」って、次々に意見をおっしゃって。

自分がいただいたアドバイスでは、「オチのところは流れないようにしっかりとね」というのをよく覚えています。胸に刻んで、一生大切にしていきます。

感動したのが、いつも笑顔のブーさんが、鋭い目になった瞬間があったこと。スタッフもまじえて、コントのオチについて打ち合わせしていたときでした。最初、ブーさんがコケる案が出ていたんですけど、スタッフが「ご無理なさらず、安全なほうでいきましょう」と別の無難なオチを提案したんです。

そしたらブーさんが真顔になって、強い口調で「できるよ！」とおっしゃったんです。「求められてるのはそこじゃないから。みんながわかりやすいお笑いをやるのが僕たちだから」とも。もちろん本番では見事にコケて、会場は大ウケでした。

ももクロも、デビュー以来ずっと「できないじゃなくて、できる方法を考えよう」をモットーにしてきました。あとで知ったんですけど、マネージャーさんが昔からドリフターズの大ファンで、ドリフの姿勢を私たちに教えてくれていたんです。その偉大な先輩といっしょにお仕事ができて、ももクロは本当に恵まれてます。

日本武道館のライブが終わったあと、ドリフのみなさんに「楽しかったね。またやりたいね」と言っていただきました。そのとき私たち、大げさじゃなく「アイドルをやってきてよかった」と思ったんですよね。残念ながら仲本さんはいらっしゃいませんが、またブーさん、加藤さんといっしょに日本武道館のステージに立てたらいいな。

私事ですけど、去年は結婚の報告をブーさんにできたのも、大きな出来事でした。発表の前日にお電話したんですけど、ブーさんは落ち着いたイメージがあるので、普通に「そうなんだ。おめでとう」という反応かなと想像していたんです。

そしたら、大きな声で「へーっ、ホントに！　おめでとう！　幸せになってね！」って、すごく喜んでくれて。「披露宴に呼んでね。ウクレレでお祝いの歌を演奏するから」と言ってくださいました。ブーさんにそこまで喜んでもらって、あらためて結婚した実感が湧いてきたっていうか、幸せにならなきゃなと思いましたね。

ももクロは今年で結成15周年です。最近、長く続けることに意味があるなってしみじみ感じるようになりました。比べるのはおこがましいですが、グループで活動なさっているという点で、ドリフのみなさんはお手本であり大きな目標です。

10年後も20年後も、ももクロを求めてくれる人がひとりでもいる限り、どんな形であろうと人前に出て、グループの活動を続けていけたら最高ですね。

ブーさん、90歳おめでとうございます。まだまだ10年20年と長生きして、卒寿とか白寿とかと同じように、ブーさんの「ブー寿」みたいなのを作っちゃいましょう。これからも私たちのお手本となって、たくさんのことを教えてください。やさしくてカッコよくてかわいいブーさん、大好きです。

ブーさんの〝ココだけの話〟

【高木家座談会】

仲良くケンカしながら、
高木ブーさんを支える
「チーム高木ブー」こと
ご家族のみなさん。
知られざる
「お家でのブーさん」を
語り合ってもらった。

●カオル（娘）●ヒロヤ（娘の夫）●コタロウ（孫）

カオル　家にいるときのおじいちゃんは、おもに寝てるよね。

コタロウ　すごい人なのはわかってるけど、レジェンド感はあんまりない。

ヒロヤ　自宅にいるんだから、そう言ったらかわいそうだよ。

カオル　コタロウは高校生になった頃から、おじいちゃんとギターの話をよくしてるよね。私の誕生日には、二人でギターを奏でながら「ハッピー・バースデイ・トゥ・ユー」を歌ってくれた。あれは嬉しかったな。

コタロウ　去年は、僕の演奏がボロボロだった。今年はそれなりにできたかな。

ヒロヤ　二人で熱心に練習してたもんね。身近に師匠がいるんだから恵まれてるよ。

コタロウ　そういえば、今まで聞いたことなかったけど、お父さんはお母さんが「高木ブーの娘」だっていつ知ったの？

ヒロヤ　最初は仕事関係で知り合って、そのときから知ってたよ。付き合い始めたのは、だいぶ経ってからだけどね。まあ、そんな話はいいじゃない。

カオル おじいちゃんが私の結婚に対してつけた唯一の条件が、「一緒に住んでくれる人」だったんだよね。その条件を承諾してくれて、とっても感謝してます。

ヒロヤ 結婚直後に、ママが仕事で海外に長く出張に行ったことがあるじゃない。あのときは家で二人で過ごして、けっこう緊張したな。僕がご飯を作ったんだけど、魚が好きじゃないのを知らなくて焼き魚を出しちゃった。食べてくれたけどね。

カオル そうそう、伝えてなかったよね。でも、焼き魚の話は今、初めて聞いた。

コタロウ 今はお父さんが、おじいちゃんといちばん仲良しだよね。日常生活のダメ出しとか、遠慮なくズケズケ言ってるし。

※

カオル おじいちゃんは、孫ができたことを本当に喜んでくれた。コタロウが小学校1、2年生の頃は、徹夜で子ども雑誌の付録を組み立ててくれてた。覚えてる？

コタロウ 覚えてるよ。起きると枕元に完成品が置いてあった。

ヒロヤ ずっと楽器をやってるからか、手先がとっても器用だよね。

カオル 最近は、制服のアイロンがけやボタンつけをしてもらったりしてるし。

コタロウ 急いでやってほしいときだけだよ。早くて上手なんだよね。

カオル 昔から、カバンに裁縫道具とか爪切りとかの七つ道具が入っていて、『全員集合』の楽屋とかでもボタンつけをやってたらしいよ。

コタロウ こんな話していいの。所帯じみたイメージにならない？

ヒロヤ じゃあ、話を変えるか。コタロウは写真にはまってて、おじいちゃんのライブの写真やポートレートも撮ってるじゃない。レンズを向けている時は、どういう表情を狙ってるの？

カオル　さすが、コタロウが写真を始めるきっかけを作った人の質問。パパも昔から写真が好きで、コタロウの初めてのカメラはパパのおさがりだったもんね。

コタロウ　そうだなあ、おじいちゃんのアーティストっぽい一面を撮りたいし、若さを写真に込めたいと思ってるかな。家族だから「失敗しちゃいけない」っていう緊張感は薄目だし、めちゃめちゃ近い距離感で撮れる。そこがとっても楽しい。

カオル　おじいちゃんからは音楽の楽しさ、父親からは写真の楽しさを受け継いでくれて、母親の私としてはとっても嬉しいです。私からは何を受け継いだのかな？

コタロウ　えーっと、目に見えない大きな何かということでどう？

※

コタロウ　おじいちゃんがいちばん幸せそうなのは、ゆで卵を食べてるときだよね。

カオル　今日のお昼も、ちょっとおしょう油をつけて、おいしそうに食べてた。健康診断の数値がよかったごほうびに出してあげたんだけど。

ヒロヤ　いつだったか家族で、おじいちゃんのゆかりの地を巡るドライブをしたときに、生まれ育った巣鴨の家ではニワトリを飼ってたっていう話をしてたね。

カオル　きっと、その頃のおいしかった記憶が強烈なんだよね。ただし、ウチのルールでは卵は1日1個まで。逆に、つらそうなのは、台本を覚えなきゃいけないときかな。最終的にはちゃんとやるんだけど、ギリギリまで文句を言ってる。

コタロウ　文句とは違うけど、ドリフの特番とか家族で見てると「ここは、もっとこうできたのに」って反省してるよね。そういうところは、すごいと思う。

ヒロヤ　高木ブーといっしょにドリフの特番を見ているなんて、考えてみたらシュールな光景だよね。テレビの中で体当たりでコントしてる姿や、ステージでカッコよく演奏してるところを見ると、あらためて尊敬する。

コタロウ　フェスにくっついて行くと、有名な歌手の人とかが楽屋に挨拶に来て、「お目にかかれて嬉しいです」

なんて感激してる。そういうときは「おじいちゃん、すごいな」と思う。それと、長く続けることって大事なんだなと感じさせられる。

カオル どうしたの？　今日はいいこと言うじゃない。

ヒロヤ 長く続けるといえば、長い付き合いの仲本さんが急にあんなことになったときは、かなり落ち込んで口数も少なかった。僕もショックだったな。

カオル パパは仲本さんとは「タバコ仲間」だったもんね。仲本さんとイザワオフィスのスタッフとパパの3人で、いつもいっしょに喫煙コーナーに行ってた。

ヒロヤ 僕も中学のときに体操部に入ってたから、仲本さんに「田んぼのワラが積んであるところで、バク転の練習をした」なんて思い出話をしたんだよね。仲本さんはいい人だから、ニコニコしながら聞いてくれた。

※

カオル 「チーム高木家」の共通点って何かな？

コタロウ マイペースなところじゃない。だけど、必要なときには力を合わせる。そうだ、お母さんとおじいちゃんは、寝つきがいいところがそっくり。旅行とかでいっしょの部屋に泊まると、二人だけあっという間に寝息を立ててる。

カオル もう、そんなこと公にしないでよ。じゃあ私も言うけど、おじいちゃんとコタロウは、ちょっとナルシストで、鏡を見るのが好きっていうところが似てる。

ヒロヤ まあまあ、暴露合戦はそのぐらいにして。ともかく、おじいちゃん、というか高木ブーさんには、90代もますます元気に活躍してほしいよね。

カオル 現役でいることで、ママ友の親御さんたちに勇気を与えているみたい。

コタロウ まずは100歳を目指してほしいな。いけるんじゃないかな。

カオル 私たち「チーム高木ブー」も責任重大だけど、仲良くがんばりましょう。

コタロウ いつも怒っているのはお母さんだけどね。

ヒロヤ あっ、おじいちゃんが起きてきた。今日の話、どこまで聞いてたのかな。

あとがき

友之助、友、ロクさん、おっつぁん、智之さん、アナタ、パパ、ブーたん、ブーちゃん、ブーさん、ジイジ、おじいちゃん……。

生まれてからこれまで、いろんな呼び方をされてきた。ちなみに「ロクさん」は、6人兄弟の6番目だから。「おっつぁん」は、プロになったばかりの頃の愛称だ。

本を書きながら、それぞれの呼び方をされていた頃のことや、それぞれの呼び方をしてくれた人たち、今そう呼んでくれている人たちの顔を思い浮かべていた。長い道のりを歩んできたんだなと、あらためて感じた。

ドリフの話や僕の話が、あなたが歩んできた道のりや、大切な人や、胸の中にある「宝物の記憶」を思い出すきっかけになれたとしたら、とても嬉しい。

これからも加藤と二人で、いや、長さんや荒井さんや志村や仲本もいっしょに、「ザ・ドリフターズ」はがんばっていきます。高木ブーも、まだまだがんばっていきます。

これからもよろしくお願いします。

最後に、この場をお借りして、お礼を言わせてください。

「ザ・ドリフターズ」の結成以来、僕たちを見守って支えてくれているイザワオフィスの井澤健会長、僕たちの活動を力強く後押ししてくれている井澤秀治社長、現場でサポートしてくれる西和浩マネージャー、いつも本当にありがとうございます。

構成や執筆ではライターの石原壮一郎さんに、編集では小学館・関和子さんに、たいへんお世話になりました。いい本を作ってもらって、ありがとうございました。

孫のコタロウには、僕の〝素顔〟の写真をたくさん撮ってもらいました。娘のかおると旦那のヒロヤさんも、たくさん協力してくれました。どうもありがとう。

そして、空の上にいる妻の喜代子さん、そっちで元気にやっていますか。最大級の愛と感謝とともに、この本を捧げます。まだまだ気長に待っていてくださいね。

２０２３年４月

ザ・ドリフターズ　高木ブー

アロハ 90歳の僕
ゆっくり、のんびり生きましょう

2023年4月11日 初版第1刷発行

著者 高木ブー
発行人 川島雅史
発行所 株式会社小学館
〒101-8001
東京都千代田区一ツ橋2-3-1
編集 03-3230-5576
販売 03-3230-3555
印刷所 凸版印刷株式会社
製本所 牧製本印刷株式会社

販売 中山智子
宣伝 内山雄太
制作 尾崎弘樹
資材 斉藤陽子
編集 関和子
構成 石原壮一郎

 ISBN978-4-09-389102-8

宝物の写真を紹介します。

高校1年生のころの僕です

娘のかおるが生まれてきたときは嬉しかったなあ

妻の喜代子さんは
最高の伴侶でした。

（下）撮影／菅井淳子

撮影／コタロウ（「高木ブー画集 ドリフターズとともに」〈ワニ・プラス〉より）

孫のコタロウと雷様になりました

絵を描くことも
楽しんでいます。

僕の人生に
ウクレレがあってよかった。

「1933ウクレレオールスターズ」

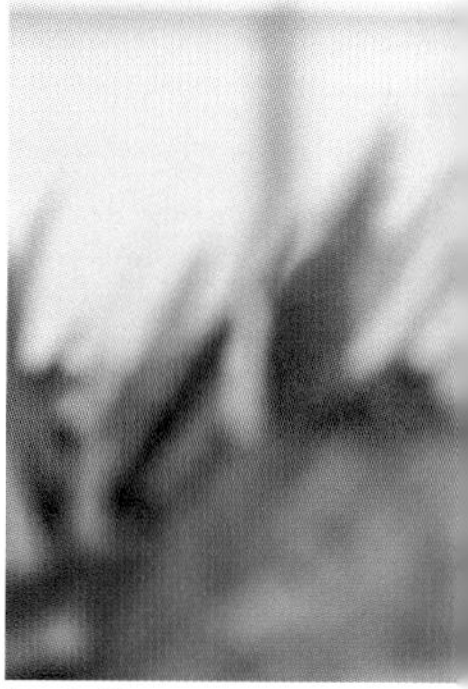

撮影／梶田和椰

撮影／コタロウ

カバー写真撮影 コタロウ　写真提供 イザワオフィス、高木ブー　口絵切り抜き写真撮影 菅井淳子
協力 イザワオフィス　※一部、撮影者不明の写真を掲載しています。お心当たりのある方は編集部までご一報ください。
アートディレクション・デザイン 前橋隆道　デザイン 千賀由美（tokyo synergetics）